화 첩

하나님의 구속사적 경륜으로 본
성막과 언약궤

הַמִּשְׁכָּן וַאֲרוֹן הַבְּרִית

THE TABERNACLE AND THE ARK OF THE COVENANT
IN LIGHT OF GOD'S ADMINISTRATION IN THE HISTORY OF REDEMPTION

神の救済史的経綸から見る 幕屋と契約の箱

KB201221

화 첩

하나님의 구속사적 경륜으로 본

성막과 언약궤

초판 1쇄	2014년 8월 6일
2쇄	2015년 8월 6일

저 자	박윤식
발행인	이승현

펴낸곳	도서출판 휘선
주 소	152-102 서울시 구로구 오류2동 147-12
전 화	02-2684-6082
팩 스	02-2614-6082
이메일	Huisun@pyungkang.com

등록	제 25100-2007-000041호
책값	15,000원

Printed in Korea
ISBN 978-89-94106-21-2

도서출판 휘선

휘선(暉宣)은 예수 그리스도의 복음의 참빛이 전 세계 속에 흩어져 있는 수많은 영혼들에게
널리 알려지고 전파되기를 소원하는 이름입니다.

본 화첩에 대한 자세한 내용은 박윤식 著 구속사 시리즈 제 9권
「신묘한 영광의 비밀 성막과 언약궤」를 함께 참고 바랍니다.

The Illustrated Book

THE TABERNACLE AND THE ARK OF THE COVENANT
IN LIGHT OF GOD'S ADMINISTRATION IN THE HISTORY OF REDEMPTION

First Printing   August 6, 2014
Second Printing August 6, 2015

Author   Yoon-Sik Park (Abraham Park)
Publisher   Seung-Hyun Lee

Published by Huisun Publishing
Address   147-12 Oryu 2 Dong, Guro-gu, Seoul, Korea 152-102
Tel   02-2684-6082
Fax   02-2614-6082
Email   Huisun@pyungkang.com

Copyright No.: C-2014-018614

Registration No.   25100-2007-000041
Price   15,000 won

Printed in Korea
ISBN   978-89-94106-21-2

Huisun Publishing

Huisun is a name that reflects the hope that the true light of the gospel of Jesus Christ may be spread and proclaimed to the countless souls around the world.

For more detailed information, please refer to Rev. Abraham Park's
The Mystery of the Wondrous Glory: The Tabernacle and the Ark of the Covenant
along with this book.

この画帖の詳細な内容については、朴潤植(パク・ユンシク)著 救済史シリーズ第9巻
「神妙なる栄光の奥義 幕屋と契約の箱」も併せてご参考ください。

성막 전체도

GENERAL VIEW OF THE TABERNACLE / תבנית המשכן 타브니트 하미쉬칸 / 幕屋の全体図

번제단 / מזבח העלה 미즈바흐 하올라

altar of burnt offering / 燔祭の祭壇

출(Exod/出) 27:1-8, 38:1-7, 참고- 출(Exod/出) 35:16, 39:39

"번제단을 회막의 성막 문 앞에 놓고"(출/Exod/出 40:6)

"이는 너희가 대대로 여호와 앞 회막문에서 늘 드릴 번제라 내가 거기서 너희와 만나고 네게 말하리라"(출/Exod/出 29:42)

층계가 아닌 경사면 / Ant. 4.200

inclined plane, not steps / 階段でない傾斜面

"너는 층계로 내 단에 오르지 말라 네 하체가 그 위에서 드러날까 함이니라"(출/Exod/出 20:26)

제사장이 서서 제물을 바치는 곳 (추정)

place where the priest stands to make offerings (conjectured)

祭司が立って、いけにえを捧げる所 (推定)

"아론이 백성을 향하여 손을 들어 축복함으로 속죄제와 번제와 화목제를 필하고 내려오니라"(레/Lev/レビ 9:22)

세마포 장 / קלעי החצר שש 칼르에 헤하체르 셰쉬

linen hangings for the court / 亜麻の撚糸のあげばり

출(Exod/出) 27:9-15, 38:9-16

"뜰 사면의 포장은 세마포요"(출/Exod/出 38:16)

- 남(南): 세마포 장 **100규빗**(45.6m)
- 북(北): 세마포 장 **100규빗**(45.6m)
- 서(西): 세마포 장 **50규빗**(22.8m)
- 동(東): 뜰문 좌우로 각각 세마포 장 **15규빗**(6.84m)
- 고 : **5규빗**(2.28m)

/ 출(Exod/出) 27:18, 38:18

물두멍 / כיור 키요르 / laver / 洗盤

출(Exod/出) 30:17-21, 38:8

"또 물두멍을 회막과 단 사이에 놓고 그 속에 물을 담고"(출/Exod/出 40:7)

"또 아론과 그 아들들을 회막문으로 데려다가 물로 씻기고"(출/Exod/出 40:12)

"...회막에 들어갈 때에 물로 씻어 죽기를 면할 것이요..."(출/Exod/出 30:20)

성막 바닥의 티끌

dust on the floor of the tabernacle
幕屋の床のちり
민(Num/民) 5:17

희락의 날, 정한 절기, 월삭에 제사장이 번제물과 화목 제물의 위에 나팔을 불던 곳 (추정)

place where the priests blew the trumpets over the burnt offerings and the sacrifices of peace offerings on the day of gladness, appointed feasts, and the first day of every month (conjectured)

喜びの日、祝いの時、および月々の第一日に、祭司が燔祭と酬恩祭の犠牲を捧げるに当って、ラッパを吹き鳴らす所(推定)

"또 너희 희락의 날과 너희 정한 절기와 월삭에는 번제물의 위에와 화목 제물의 위에 나팔을 불라 그로 말미암아 너희 하나님이 너희를 기억하리라 나는 너희 하나님 여호와니라"(민/Num/民 10:10)

토단

מזבח אדמה 미즈바흐 아다마

altar of earth / 土の祭壇

"내게 토단을 쌓고 그 위에 너의 양과 소로 너의 번제와 화목제를 드리라 내가 무릇 내 이름을 기념하게 하는 곳에서 네게 강림하여 복을 주리라"(출/Exod/出 20:24)

재를 담는 통 / סיר הדשן 시르 하다쉔

pail for removing the ashes / 灰を取るつぼ

출(Exod/出) 27:3, 레(Lev/レビ) 1:16, 6:10-11, 참고- 레(Lev/レビ) 4:11-12, 21

"멱통과 그 더러운 것은 제하여 단 동편 재 버리는 곳에 던지고"(레/Lev/レビ 1:16)

"...단 위에서 탄 번제의 재를 가져다가 단 곁에 두고 11 그 옷을 벗고 다른 옷을 입고 그 재를 진 바깥 정결한 곳으로 가져갈 것이요"(레/Lev/レビ 6:10-11)

뜰 문의 문 장

מסך שער החצר 마사크 샤아르 헤하체르

screen of the gate of the court / 庭の門のとばり

출(Exod/出) 27:16, 18, 38:18

청색 자색 홍색 실과 가늘게 꼰 베실로 수놓아 짬 / 출(Exod/出) 27:16, 38:18

장 20규빗(9.12m), 고 5규빗(2.28m) / 출(Exod/出) 27:16, 18, 38:18

기둥 넷, 놋받침 넷 / 출(Exod/出) 27:16-18, 38:19

출애굽기 25:8-9 "내가 그들 중에 거할 성소를 그들을 시켜 나를 위하여 짓되 9 무릇 내가 네게 보이는 대로 장막의 식양과 그 기구의 식양을 따라 지을지니라"

출애굽기 40:1-8 "여호와께서 모세에게 일러 가라사대 2 너는 정월 초일일에 성막 곧 회막을 세우고 3 또 증거궤를 들여놓고 또 장으로 그 궤를 가리우고 4 또 상을 들여놓고 그 위에 물품을 진설하고 등대를 들여놓고 불을 켜고 5 또 금향단을 증거궤 앞에 두고 성막 문에 장을 달고 6 또 번제단을 회막의 성막 문 앞에 놓고 7 또 물두멍을 회막과 단 사이에 놓고 그 속에 물을 담고 8 또 뜰 주위에 포장을 치고 뜰 문에 장을 달고"

히브리서 8:2 "...이 장막은 주께서 베푸신 것이요 사람이 한 것이 아니니라"

5

뜰의 포장 말뚝
יְתֵדֹת הֶחָצֵר 이트도트 헤하체르
pegs of the court / 庭の釘
출(Exod/出) 27:19, 35:18, 38:20, 31
"...뜰의 사면 포장 말뚝은
다 놋이더라" (출/Exod/出 38:20)

회막 / אֹהֶל מוֹעֵד 오헬 모에드
tent of meeting / 会見の幕屋
출(Exod/出) 26:1-37, 36:8-38

*땅 속에 박혀 있는
말뚝의 모습
view of the peg
that is driven into
the ground
打たれた釘の地中の様子

성막 말뚝(장막 말뚝)
יְתֵדֹת לַמִּשְׁכָּן 이트도트 라미쉬칸
pegs of the tabernacle / 幕屋の釘
출(Exod/出) 27:19, 35:18, 38:20, 31
재료: 놋 / 출(Exod/出) 27:19, 38:20

(은)기둥머리 싸개
צִפּוּי רֹאשׁ הָעַמּוּד (כֶּסֶף)
치푸이 로쉬 하암무드 (케세프)
(silver) overlaying of the top of the pillar
柱の頭のおおい(銀製)
출(Exod/出) 38:17, 19

(은)가름대
(כֶּסֶף) חָשֻׁק 하슈크(케세프)
(silver) band (fillet) / 銀の桁
출(Exod/出) 27:10-11, 17,
38:10-12, 17, 19

(은)갈고리들
(כֶּסֶף) וָוִים 바빔(케세프)
(silver) hooks / 鉤(銀製)
출(Exod/出) 27:10-11, 17,
38:10-12, 17, 19

기둥
עַמּוּד 암무드 / pillar / 柱
출(Exod/出) 27:10-16, 38:10-19

놋받침
אֶדֶן נְחֹשֶׁת 에덴 네호쉐트
socket of bronze / 青銅の座
출(Exod/出) 27:17-18, 38:17, 19

줄들 / מֵיתָרִים 메타림
cords / ひも
민(Num/民) 3:25-26, 36-37,
4:25-26, 31-32

서 평
BOOK REVIEW
書 評

구속사 시리즈, 화첩으로 보기

민영진 박사

이스라엘 히브리대학교(Ph.D)
(前) 감리교신학대학교 교수, 대한성서공회 총무
(前) 세계성서공회 아태지역이사회 의장
(現) 침례신학대학교 특임교수
대한기독교서회 100주년기념성서주석 출애굽기, 사사기, 룻기, 전도서, 아가서 저자

박윤식 박사의 구속사 시리즈는 지금까지 1-9권이 출간되었다. 그의 영혼이 담긴 평생의 노작이다. 그것이 국내외 성서학계에 이미 끼친 공헌과 앞으로 지속적으로 이바지할 성찬(盛饌)은 예측을 불허한다. 내 생각에는 저자가 이 엄청난 저작을 출간하러 이 세상에 온 것 같다. 예부터 서불진언(書不盡言), "글로 할 말 다하지 못하고", 언불진의(言不盡意), "말로 속뜻 다 전하지 못한다" 했으니, 그의 노작은 앞으로 저자 자신이나 그의 제자들이 줄곧 더 이어가야 할 것이다.

현재까지 나온 시리즈에서 저자는 세 가지 방식을 활용한다. 첫째는 청중을 고려한 정중한 진술 방식이다. 책을 읽으면서도 그의 말을 듣는 것 같은 효과가 있다. 어려운 진리가 평이하게 설명되어 효과적으로 전달된다. 둘째는 복잡한 사건을 일목요연(一目瞭然)하게 보여 주는 여러 종류의 "도표(圖表)"의 제시다. 일일이 셀 수 없을 만큼 많다. 도표를 먼저 보고 내용에 접근할 수도 있고, 내용을 먼저 탐구하고 나서 도표로 배운 바를 정리할 수도 있다. 셋째가, 비록 마지막으로 언급하지만, 이것이 이 저작의 으뜸가는 기여(寄與)인데, 지금 시대에 볼 수 없는 실물을 성경 본문에 철저하게 입각하여 그림으로 완벽하게 재구성해 놓은 것이다.

성막 전체와 성소와 지성소가 포함된 회막을 재구성하여 컬러로 시각화한 것이라든가 대제사장의 예복을 재구성한 것은, 예부터 유대교 랍비들도 기독교 주석가들도 여러 모양으로 시도했었다. 다매체 시대에 와서는 인터넷에 영상으로 혹은 시뮬레이션으로 제시하기도 하여 옛 물체의 개념 파악을 돕는 데는 일정 부분 공헌을 한 것이 사실이다. 그러나 박윤식 박사의 재구성은 그런 것들과는 차별되는 것이다. 성막과 회막, 대제사장의 예복을 실제로 재단(裁斷)하고 건축할 수 있게 만든 것으로, 이 분야 최초의 세부적인 청사진(靑寫眞)이다. 성경에 기록된 그 복잡한 식양들이 마치 눈앞에서 선명하게 펼쳐지듯 명확하게 재생해 놓은 것은, 기존의 것들과는 비교할 수 없는 전대미문(前代未聞)의 업적이 아닐 수 없다.

대제사장의 그 복잡하고 섬세하고 미묘한 예복을 재생해 놓은 것은 너무도 탁월하여, 어느 재단사(裁斷師)라도 그 그림과 설명만을 보고서도 쉽게 그 예복을 실제로 만들 수 있을 것이다. 성막과 회막 안에 배치된 각종 제구(祭具)들, 곧 번제단, 단의 모든 기구들, 물두멍, 등대와 기구들, 진설병을 두는 상과 상 위의 기구들, 분향단, 앙장과 덮개, 성막을 세우는 22단계의 순서, 언약궤(증거궤), 언약궤 속에 둔 세 가지 기념물 등에 이르기까지 그 모양과 배치, 그 기능에 대한 간단한 설명(한국어·히브리어·영어·일본어)은, 난해한 본문으로만 여겨지던 출애굽기를 흥미 있게 읽고 친숙하게 접근하게 한다. 광야 시대 하나님의 백성이 어떻게 하나님을 섬겼는지 그 현장을 온몸으로 생생하게 체험하도록 인도한다.

성막 그림을 보면, 성막의 규모와 구조와 기능이 마치 투어를 하듯이 머릿속에 생생하게 들어온다. 독자들은 본 화첩을 통하여 성막 투어를 마칠 즈음에, 성전의 실체는 예수 그리스도이시고, 언약궤 대신 영원한 언약의 말씀이 우리와 함께 계신다는 깨우침에 이르게 될 것이다. 또한 대제사장의 예복을 감상하는 독자들마다 세상 죄를 짊어지신 어린양 우리의 대제사장께서 베푸시는 대속의 은총을 깊이 체험하게 될 것이다. 90을 바라보는 대한민국의 노종이 평생에 하나님께서 베풀어 주신 은혜를 집대성하여 내놓은 이 화첩이야말로, 전 세계 교회들을 비추는 대한민국의 자랑거리가 될 것이며 지구상의 수많은 영혼들을 성막의 실체이신 예수 그리스도 앞으로 올바르게 인도하는 참된 가이드가 될 것을 의심치 않으며, 이에 기쁜 마음으로 추천하는 바이다.

(前) 감리교신학대학교 교수, 대한성서공회 총무
(前) 세계성서공회 아태지역이사회 의장
(現) 침례신학대학교 특임교수

민 영 진 박사

추천사
COMMENTARY
推薦辞

Dr. Philip Lee
미국 페이스신학대학원교수, Ph.D., Th.D.

하나님께서는 창조와 역사 질서의 위대한 건축자이십니다. 하나님께서는 그의 지혜와 권능과 모략과 명철로(욥 12:13) 한치의 오차도 없이 완벽한 질서 가운데 온 우주를 계획하시고 건축하셨습니다. 그러므로 하나님께서 지으신 장막과 그 기구들도 한치의 오차도 없이 정확하게 지어진 완벽한 건축물이었습니다.

주전 1446년 모세는 시내산에서 "장막의 식양과 그 기구의 식양"을 보았습니다(출 25:9, 40, 26:30). 아마도 모세는 처음 식양의 장엄하고 신비한 광경을 본 순간, 황홀경에 빠져 하나님의 높고 위대하심을 찬양하지 않을 수 없었을 것입니다. 모세가 이 놀라운 모습을 한번 보고 끝나버렸다면 그는 자기가 본 모습 그대로 재현하기가 너무도 어려웠을 것입니다. 히브리어 원문에서 "보이는"(출 25:9)이나 "보인"(출 25:40)이란 단어가 '분사형'으로 사용된 것을 볼 때, 하나님께서는 모세에게 지속적으로 식양을 보여 주셨을 것입니다.

그런데 모세 시대 만들었던 장막과 그 기구들은 지나간 세월의 흔적에 묻혀 오늘날 그 원형 그대로 남아있지 않으며, 우리는 모세가 보았던 그 식양 그대로 볼 수도 없습니다. 지금 우리에게는 모세가 기록한 완전 무오한 성경만이 남아 있습니다. 물론 장막에 대해 여러 학자들이 연구해 놓은 다양한 그림들이 있으나, 과연 어느 그림이 정확한 그림인지 알 수 없고, 더군다나 성경의 기록과 부합되지 않는 경우도 많습니다. 저는 20년 이상 구약을 연구하고 신학교 강단에서 학생들에게 가르치면서 이러한 현실을 안타깝게 생각해 왔는데, 박윤식 박사님의 '구속사 시리즈'를 처음 대했을 때 심산유곡(深山幽谷)을 등산하다가 청정 생수를 만난 기분이었습니다. 지금까지 해결하지 못했던 영적 체증이 순식간에 내려가는 듯한 통쾌함과 상쾌함을 체험하였습니다. 험산을 등반하다가 만난 생수는 그 노정의 시원함이요 행운이요 축복이듯이, 천성을 향해 올라가는 성도들에게 있어서 구속사 시리즈는 그 노정의 청정 생수요 큰 축복임에 틀림없습니다.

이번에 박윤식 박사님의 '성막과 언약궤'에 관한 화첩을 펼치는 순간 저는 마치 모세가 본 식양을 그 현장에서 보는 듯 착각할 정도였습니다. 박윤식 박사님은 이번 화첩을 통하여, 지금부터 3,460년 전 장막을 완벽하게 건축하신 하나님의 그 위대하신 솜씨를 아름다운 그림으로 재현하였습니다. 하나님의 위엄(威嚴)을 맑은 영혼으로 온 세상에 밝히 드러내었습니다. 이 화첩은 이 분야에 있어서 가히 세계 최고의 학문적 업적입니다.

하나님께서 박윤식 박사님을 통해서 대한민국 교회와 전세계 교회에 이렇게 훌륭한 작품을 주신 것은, 참으로 큰 축복이 아닐 수 없습니다. 모세는 자신이 받은 식양대로 모든 장막과 기구들이 완성되었을 때에 너무도 기뻐서 이스라엘 백성을 축복하였습니다. 출애굽기 39:42-43에서 "여호와께서 모세에게 명하신 대로 이스라엘 자손이 모든 역사를 필하매 모세가 그 필한 모든 것을 본즉 여호와께서 명하신 대로 되었으므로 그들에게 축복하였더라"라고 말씀하고 있습니다. 모세가 만일 이 화첩을 본다면 너무 좋아서 이 화첩을 보는 모든 독자들에게도 이스라엘 백성에게 하듯 똑같이 축복하였을 것입니다.

박윤식 박사님은 평생 성경을 수불석권(手不釋卷: 잠시도 손에서 책을 떼지 않음)하시며 1,800번이나 읽으신 분입니다. 그는 성경이 완전무오한 하나님의 말씀임을 철저하게 믿는 분으로, 성경의 일점일획도 놓치지 않고 그 안에 담긴 심오한 의미를 캐내시는 분입니다. 구속사 시리즈는 오직 기도로 일구어낸 평생의 경륜이 축적된 역작이기에 그것을 읽는 분들마다 세상에 전혀 때묻지 않는 천국 세계의 순진무구(純眞無垢)함을 체험하게 될 것입니다. 박윤식 박사님은 출애굽기에 히브리어로 기록된 장막과 그 기구들의 말씀을 한올 한올 풀어서 몇 가지 아름다운 빛깔의 실을 가지고 완벽한 그림으로 수놓은 성경 자수(刺繡)의 대가입니다. 이 그림을 보는 독자들마다 그 속에 숨어 계신 예수 그리스도의 살아 역사하시는 모습을 선명하게 발견하며 (요 5:39), 하나님의 놀라운 구속 경륜 앞에 무릎을 치며 경탄을 자아낼 수밖에 없을 것입니다.

작금에 대한민국 교회는 성도들의 수가 급격히 감소하고 있으며 말씀 중심의 참된 교회들은 점점 사라져가고 있습니다. 서로 사랑하며 주님의 지상 명령인 전도에 앞장서기 보다는, 자신들의 교리가 정통임을 주장하면서 남을 매도하고 분열시키는 자들이 교권을 휘두르며 교계를 좌우지하고 있습니다. 우리는 남을 비판하기 전에 조용히 무릎을 꿇고 하나님께 간절히 기도하고 회개하면서 성령님의 인도하심에 귀 기울여야 합니다. 마태복음 12:36-37에서 "내가 너희에게 이르노니 사람이 무슨 무익한 말을 하든지 심판날에 이에 대하여 심문을 받으리니 네 말로 의롭다 함을 받고 네 말로 정죄함을 받으리라" 라고 말씀하고 있습니다. 남을 함부로 판단할 때 오히려 내가 하나님의 정죄를 받게 됩니다(롬 2:1-2). 우리는 함부로 남을 정죄하기 전에 먼저 나를 돌아보며 회개하고 하나님의 뜻 가운데 서는 올바른 믿음의 사람이 되어야 할 것입니다(마 7:21-23).

오늘날 유럽에는 기독교가 거의 파괴되어, 20명 중 1명만이 교회와 성당에 나가고 있으며, 그것도 대부분 연로하신 분들입니다. 세계 첫 번째 선교대국이라 자부하는 미국도 국민 3명 중에 1명만이 교인이며, 그 가운데 많은 사람이 이민을 간 유색인들이거나 흑인들입니다. 이것은 남의 나라 문제만은 아니며, 장차 대한민국 교회의 모습이 될 수도 있습니다. 교회마다 젊은이들이 사라지고 주일학교가 감소되고 교인들의 노령화가 심화되고 있는 것은 심각한 예조가 아닐 수 없습니다.

오늘 예수 그리스도의 피로 값주고 사신 대한민국 교회마다 철저한 회개와 각성이 있기를 소망합니다. 다시 종교개혁자들의 피맺힌 외침을 상기하며 '오직 성경으로' 돌아가는 본질적인 회복 운동이 일어나야 합니다. 그동안 수많은 핍박과 오해 속에서도 오직 말씀과 기도를 통해 대한민국 영성의 거두로 우뚝 선 노종 박윤식 박사님의 구속사 시리즈는 한국교회를 말씀의 본질로 돌아가게 인도하는 캄캄한 바다의 참 등대입니다. 부디 구속사 시리즈와 이 화첩을 통하여 전세계 교회들이 회개하고 예수 그리스도 앞으로 다시 돌아오는 놀라운 변화의 역사가 있기를 간절히 기도하며, 모세 이후 3,500년만에 처음으로 나타난 이 귀한 보배를 기꺼이 전세계 모든 성도들에게 적극 추천하는 바입니다.

2014년 7월 1일
Dr. Philip Lee

Philip Lee

저자 서문
AUTHOR'S FOREWORD
著者による序文

박윤식 목사
Rev. **Yoon-Sik Park**, D.Min., D.D.

성막은 주전 1445년 1월 1일에 완성된 이후(출 40:2, 17) 솔로몬 성전이 완성되기까지(왕상 6:38) 약 486년 동안 하나님께서 임재하신 거룩한 처소요, 이스라엘 백성의 신앙 생활의 중심지였습니다(출 25:8, 22, 29:42-43). 성막은 궁극적으로 예수 그리스도를 바라보게 하며(히 9:9, 10:19-20, 계 7:15, 21:3, 22), 그 속에는 신비롭고 경이로운 구속 경륜이 밝히 드러나 있습니다(히 8:1-2).

성막을 정확하게 깨닫기 위해, 실제 성막과 각 내용물의 모습을 성경대로 재현하는 것은 매우 중차대한 일이지만, 고난도의 작업을 요하는 일입니다. '백문(百聞)이 불여일견(不如一見)'이란 말 그대로 성막은 성경을 백 번 읽고 듣는 것보다 성경대로 성막을 시각화하여 눈으로 보아야만 비로소 성막 속에 담긴 구속사적 의미를 발견할 수 있는 것입니다. 성경에는 하나님께서 모세에게 성막 식양을 눈으로 보게 해 주었다는 사실과, 모세가 하나님께서 보여 주신 대로 지었다고 자주 기록하고 있습니다(출 27:8, 39:32, 42-43, 40:16, 19, 21, 23, 25, 27, 29, 32, 민 8:4). 출애굽기 25:9에서 "무릇 내가 네게 보이는 대로 장막의 식양과 그 기구의 식양을 따라 지을지니라" 라고 말씀하고 있으며(출 25:40, 26:30), 히브리서 8:5에도 "가라사대 삼가 모든 것을 산에서 네게 보이던 본을 좇아 지으라" 라고 말씀하고 있습니다. 솔로몬 성전 식양도 역시 여호와의 손이 다윗에게 임하여 그려서 보여 주신 것입니다(대상 28:19).

모세의 눈에 보이신 성막은 한마디로 '눈의 복음' 입니다. 모세가 성막을 눈으로 보고 깨달았다면, 우리도 그 성막을 글로만 읽기보다는 눈으로 확실하게 보아야, 그 속에 담긴 하나님의 구속사적 경륜을 깨달을 수 있습니다. 저는 성막을 직접 건축하는 심정으로 그 온전한 모습을 알고자 수많은 시간을 하나님 앞에 엎드려 기도하며 매달렸습니다. 하루에도 수십 차례 성막 각 부분을 그렸다가 지우면서 시행착오를 반복하며, 성막을 정확히 재현하기 위해 혼신의 노력을 쏟았습니다. 부족한 종이 받은 은혜는 너무나 미천한 것이지만, 성령님의 강력한 도우심과 조명을 통해 이렇게 성막과 각 성물의 모습을 그림으로나마 선명하게 재현한 것은 하나님의 크신 은혜의 결과입니다. 이에 구속사 시리즈를 애독하시는 많은 독자들의 아낌없는 격려와 조언을 귀하게 받아 그 사랑의 열매로 구속사 시리즈 제 9권 「신묘한 영광의 비밀 성막과 언약궤」에 나오는 그림들만 따로 모아 화첩으로 출판하게 되었으니, 너무도 기쁘고 감개무량하여 그저 감사와 감격의 눈물만 흐를 뿐입니다.

성막의 모습과 각 내용물 속에는, 전 우주를 창조하신 최고의 건축가 하나님의 신묘한 손길이 가득합니다. 하나님의 그 섬세하신 손길과 오묘하신 솜씨를 다 표현할 수 없어서 참으로 죄송하고 안타까울 따름입니다. 그러나 저는 본 성막 화첩이 성경을 자세히 알기 위해 몸부림치며 구속사의 완성을 소망하는 모든 성도에게, 자그마한 반려자가 되었으면 하는 바램입니다. 바라옵기는, 이 성막 화첩을 통하여 그 속에 감추인 하나님의 구속 경륜과 복음의 비밀을 깨달아, 예수 그리스도 안에 있는 그 신묘한 영광을 느끼고, 주님의 높고 위대하심을 날마다 찬양하며, 그 위대한 섭리를 전 세계에 전할 수 있기를 간절히 소망합니다.

마지막으로, 말로 표현하기조차 어려웠던 성막의 세세한 모습을, 오랜 시간 저와 함께 일일이 수작업의 과정을 거쳐 이렇게 아름답고 경이롭고 영광스러운 그림으로 구현해 준 구속사 편집 팀원들의 도움과 큰 노고에 진심으로 감사를 드립니다. 이 모든 작업은 결코 사람이 한 것이 아니라, 오홀리압과 브살렐에게 지혜와 총명을 부어 주시고 역사하셨던 성령님께서 함께하여 전적으로 이루신 것입니다(출 31:3, 35:35, 36:1).

성막이 완성되었을 때 "여호와의 영광이 성막에 충만"하였던 것처럼(출 40:34-35), 이 성막 화첩을 통하여 성막 속에 담긴 구속사적 경륜을 깨닫는 가정과 교회와 나라마다, 성막 속에 임재하신 하나님의 영광과 임마누엘 은총이 동일하게 임재하시기를 간절히 기도드립니다.

2014년 8월 6일
천국 가는 나그네 길에서
예수 그리스도의 종 **박윤식 목사**

차 례 CONTENTS / 目次

번제단

THE ALTAR OF BURNT OFFERING

מִזְבַּח הָעֹלָה 미즈바흐 하올라

燔祭の祭壇

출(Exod/出) 27:1-8, 38:1-7, 40:6, 29

번제단의 위치
location of the altar of burnt offering
燔祭の祭壇の位置
출(Exod/出) 29:42, 40:6

"이는 너희가 대대로 여호와 앞 회막문에서 늘 드릴 번제라 내가 거기서 너희와 만나고 네게 말하리라" (출 29:42)
"또 번제단을 회막의 성막 문 앞에 놓고" (출 40:6)
"It shall be a continual burnt offering throughout your generations at the doorway of the tent of meeting before the LORD, where I will meet with you, to speak to you there" (Exod 29:42).
"You shall set the altar of burnt offering in front of the doorway of the tabernacle of the tent of meeting" (Exod 40:6).
『これはあなたがたが代々会見の幕屋の入口で、主の前に絶やすことなく、ささぐべき燔祭である。わたしはその所であなたに会い、あなたと語るであろう。』(出29:42)
『また燔祭の祭壇を会見の天幕なる幕屋の入口の前にすえ、』(出40:6)

단을 위하여 만든 놋그물과
네모퉁이의 놋고리 넷 그리고 운반을 위한 채

THE GRATING OF BRONZE NETWORK, BRONZE RINGS IN THE FOUR CORNERS, AND THE POLES FOR CARRYING THE ALTAR

祭壇のために造った青銅の網細工と、四すみの青銅の環四つ、運搬のためのさお

출(Exod/出) 27:1-8

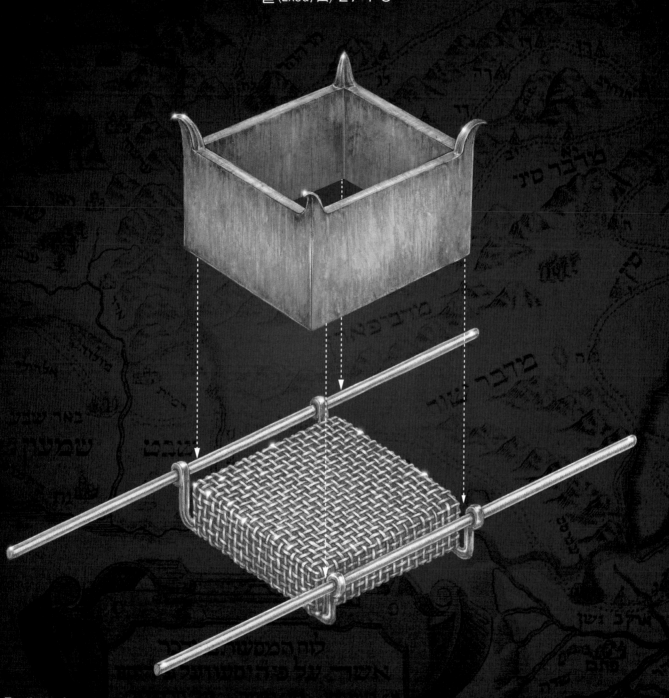

출애굽기 27:1-8 "너는 조각목으로 장이 오 규빗, 광이 오 규빗의 단을 만들되 네모 반듯하게 하며 고는 삼 규빗으로 하고 2 그 네 모퉁이 위에 뿔을 만들되 그 뿔이 그것에 연하게 하고 그 단을 놋으로 쌀지며 3 재를 담는 통과 부삽과 대야와 고기 갈고리와 불 옮기는 그릇을 만들되 단의 그릇을 다 놋으로 만들지며 4 단을 위하여 놋으로 그물을 만들고 그 위 네 모퉁이에 놋고리 넷을 만들고 5 그물은 단 사면 가장자리 아래 곧 단 절반에 오르게 할지며 6 또 그 단을 위하여 채를 만들되 조각목으로 만들고 놋으로 쌀지며 7 단 양편 고리에 그 채를 꿰어 단을 메게 할지며 8 단은 널판으로 비게 만들되 산에서 네게 보인 대로 그들이 만들지니라"

번제단

THE ALTAR OF BURNT OFFERING / מִזְבַּח הָעֹלָה 미즈바흐 하올라 / 燔祭の祭壇
출(Exod/出) 27:1-8, 38:1-7, 참고- 출(Exod/出) 35:16, 39:39

출애굽기 38:1-2 "그가 또 조각목으로 번제단을 만들었으니 장이 오 규빗이요 광이 오 규빗이라 네모 반듯하고 고는 삼 규빗이며 2그 네 모퉁이 위에 그 뿔을 만들되 그 뿔을 단과 연하게 하고 단을 놋으로 쌌으며"

층계가 아닌 경사면
Ant. 4.200
inclined plane, not steps
階段でない傾斜面

"너는 층계로 내 단에 오르지 말라 네 하체가 그 위에서 드러날까 함이니라"
(출/Exod/出 20:26)

제사장이 서서 제물을 바치는 곳(추정)
place where the priest stands to make offerings (conjectured)
祭司が立って、いけにえを捧げる所 (推定)

"아론이 백성을 향하여 손을 들어 축복함으로 속죄제와 번제와 화목제를 필하고 내려오니라"
(레/Lev/レビ 9:22)

번제단
מִזְבַּח הָעֹלָה 미즈바흐 하올라
altar of burnt offering
燔祭の祭壇
출(Exod/出) 27:1-8, 38:1-7,
참고- 출(Exod/出) 35:16, 39:39

"번제단을 회막의 성막 문 앞에 놓고" (출/Exod/出 40:6)

"이는 너희가 대대로 여호와 앞 회막문에서 늘 드릴 번제라 내가 거기서 너희와 만나고 네게 말하리라" (출/Exod/出 29:42)

토단 / מִזְבַּח אֲדָמָה 미즈바흐 아다마
altar of earth / 土の祭壇

"내게 토단을 쌓고 그 위에 너의 양과 소로 너의 번제와 화목제를 드리라 내가 무릇 내 이름을 기념하게 하는 곳에서 네게 강림하여 복을 주리라" (출/Exod/出 20:24)

고 3규빗(1.37m)

광 5규빗(2.28m)

장 5규빗 (2.28m)

출(Exod/出) 27:1, 38:1

재를 담는 통
סִיר הַדֶּשֶׁן 시르 하데셴
pail for removing the ashes
灰を取るつぼ
출(Exod/出) 27:3,
레(Lev/レビ) 1:16, 6:10-11,
참고- 레(Lev/レビ) 4:11-12, 21

"몃통과 그 더러운 것은 제하여 단 동편 재 버리는 곳에 던지고"
(레/Lev/レビ 1:16)

"...단 위에서 탄 번제의 재를 가져다가 단 곁에 두고 11그 옷을 벗고 다른 옷을 입고 그 재를 진 바깥 정결한 곳으로 가져갈 것이요" (레/Lev/レビ 6:10-11)

희락의 날, 정한 절기, 월삭에 제사장이 번제물과 화목 제물의 위에 나팔을 불던 곳(추정)
place where the priests blew the trumpets over the burnt offerings and the sacrifices of peace offerings on the day of gladness, appointed feasts, and the first day of every month (conjectured)
喜びの日、祝いの時、および月々の第一日に、祭司が燔祭と酬恩祭の犧牲を捧げるに当って、ラッパを吹き鳴らす所 (推定)

"또 너희 희락의 날과 너희 정한 절기와 월삭에는 번제물의 위에와 화목 제물의 위에 나팔을 불라 그로 말미암아 너희 하나님이 너희를 기억하리라 나는 너희 하나님 여호와니라" (민/Num/民 10:10)

네모 반듯한 단 / מִזְבֵּחַ רָבַע 미즈바흐 라바 / square altar / 正方形の祭壇

출(Exod/出) 27:1-2, 7-8, 38:1-2, 7
단을 조각목으로 만들어 놋으로 쌈.
"너는 조각목으로... 그 단을 놋으로 쌀지며"
(출/Exod/出 27:1-2, 38:1-2)
"단은 널판으로 비게 만들되"
(출/Exod/出 27:8, 38:7)

단 위의 뿔

קַרְנֹת הַמִּזְבֵּחַ 카르노트 하미즈베아흐
horns of the altar / 祭壇の四すみの角
"그 네 모퉁이 위에 그 뿔을 만들되
그 뿔을 단과 연하게..."
(출/Exod/出 27:2,
38:2)

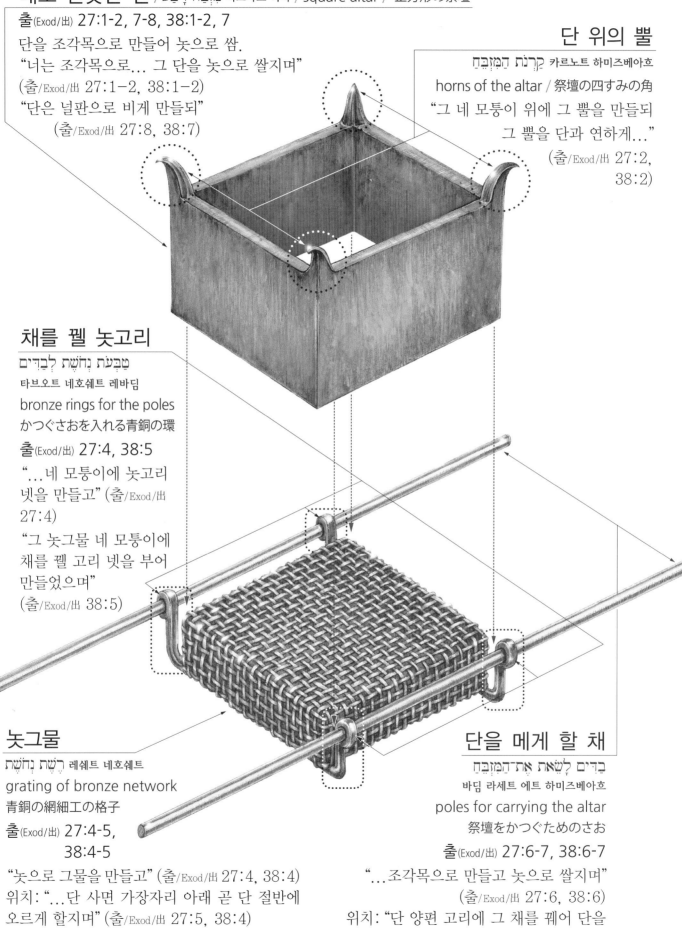

채를 꿸 놋고리

טַבְּעֹת נְחֹשֶׁת לַבַּדִּים
타브오트 네호쉐트 레바딤
bronze rings for the poles
かつぐさおを入れる青銅の環
출(Exod/出) 27:4, 38:5
"...네 모퉁이에 놋고리
넷을 만들고"(출/Exod/出
27:4)
"그 놋그물 네 모퉁이에
채를 꿸 고리 넷을 부어
만들었으며"
(출/Exod/出 38:5)

놋그물

רֶשֶׁת נְחֹשֶׁת 레쉐트 네호쉐트
grating of bronze network
青銅の網細工の格子
출(Exod/出) 27:4-5,
38:4-5
"놋으로 그물을 만들고"(출/Exod/出 27:4, 38:4)
위치: "...단 사면 가장자리 아래 곧 단 절반에
오르게 할지며"(출/Exod/出 27:5, 38:4)

단을 메게 할 채

בַּדִּים לָשֵׂאת אֶת־הַמִּזְבֵּחַ
바딤 라세트 에트 하미즈베아흐
poles for carrying the altar
祭壇をかつぐためのさお
출(Exod/出) 27:6-7, 38:6-7
"...조각목으로 만들고 놋으로 쌀지며"
(출/Exod/出 27:6, 38:6)
위치: "단 양편 고리에 그 채를 꿰어 단을
메게 할지며"(출/Exod/出 27:7, 38:7)

출애굽기 27:3 "재를 담는 통과 부삽과 대야와 고기 갈고리와 불 옮기는 그릇을 만들되 단의 그릇을 다 놋으로 만들지며"

단의 모든 기구

כָּל־כְּלֵי הַמִּזְבֵּחַ 콜 켈레 하미스베아흐 / all the utensils of the altar / 祭壇のすべての器
출(Exod/出) 27:3, 38:3, 30, 민(Num/民) 4:14 (참고-출(Exod/出) 31:9, 35:16, 40:10)
*모두 놋으로 만듦 / all made of bronze / すべて青銅製

불 옮기는 그릇
מַחְתָּה 마흐타 / firepan / 火皿

재를 담는 통
סִיר הַדָּשֵׁן 시르 하다쉔
pail for removing the ashes
灰を取るつぼ
출(Exod/出) 27:3,
레(Lev/レビ) 1:16, 6:10-11,
참고-레(Lev/レビ) 4:11-12, 21

대야 / מִזְרָק 미즈라크 / basin / 鉢

부삽 / יָע 야
shovel / 十能(じゅうのう)

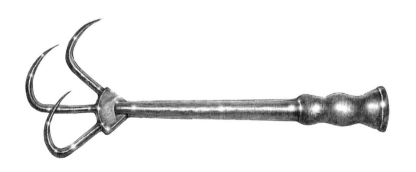

고기 갈고리
מַזְלֵג 마즈레그
flesh hook / 肉叉(にくさし)

항상 피워 꺼지지 않는 번제단의 불

The fire of the altar of the burnt offering which is to burn continually without being put out

絶えず燃え続かせる祭壇の火

레(Lev/レビ) 6:9, 12-13

레위기 6:9, 12-13

"아론과 그 자손에게 명하여 이르라 번제의 규례는 이러하니라
번제물은 단 윗 석쇠 위에 아침까지 두고 단의 불로 그 위에서
꺼지지 않게 할 것이요 12 단 위에 불은 항상 피워 꺼지지
않게 할지니 제사장은 아침마다 나무를 그 위에 태우고
번제물을 그 위에 벌여 놓고 화목제의 기름을 그
위에 사를지며 13 불은 끊이지 않고 단 위에
피워 꺼지지 않게 할지니라"

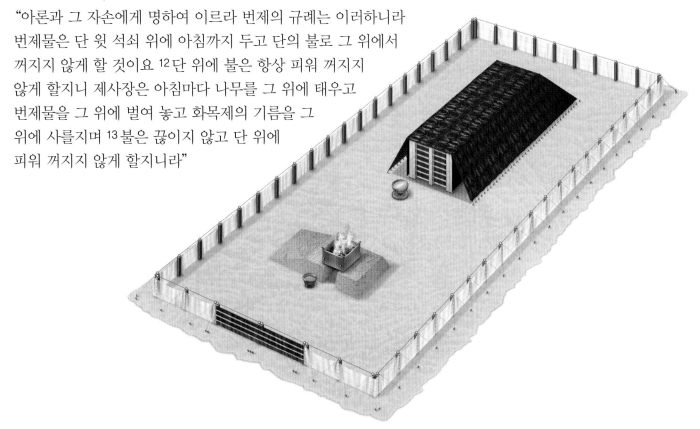

물두멍

THE LAVER

כִּיּוֹר 키요르 / 洗盤

출(Exod/出) 30:17-21,
38:8, 40:30-32

출애굽기 30:17-21 "여호와께서 모세에게 일러 가라 사대 18 너는 물두멍을 놋으로 만들어 씻게 하되 그것을 회막과 단 사이에 두고 그 속에 물을 담으라 19 아론과 그 아들들이 그 두멍에서 수족을 씻되 20 그들이 회막에 들어 갈 때에 물로 씻어 죽기를 면할 것이요 단에 가까이 가서 그 직분을 행하여 화제를 여호와 앞에 사를 때에도 그리 할지니 라 21 이와 같이 그들이 그 수족을 씻어 죽기를 면할지니 이 는 그와 그 자손이 대대로 영원히 지킬 규례니라"

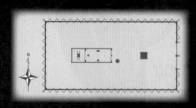

물두멍의 위치
location of the laver
洗盤の位置
출(Exod/出) 40:12, 30

"또 아론과 그 아들들을 회막문으로 데려다가 물로 씻기고" (출 40:12)
"그가 또 물두멍을 회막과 단 사이에 두고..." (출 40:30)
"Then you shall bring Aaron and his sons to the doorway of the tent of meeting and wash them with water" (Exod 40:12).
"He placed the laver between the tent of meeting and the altar and put water in it for washing" (Exod 40:30).
『アロンとその子たちを会見の幕屋の入口に連れてきて、水で彼らを洗い、』(出40:12)
『彼はまた会見の天幕と祭壇との間に洗盤を置き、洗うためにそれに水を入れた。』(出40:30)

솔로몬 성전의 '놋바다'
BRONZE SEA OF SOLOMON'S TEMPLE
ソロモンの宮にある青銅の海
왕상(1 Kgs/列王上) 7:23-26, 44, 대하(2 Chr/歷代下) 4:2-5

열왕기상 7:23-26 "또 바다를 부어 만들었으니 그 직경이 십 규빗이요 그 모양이 둥글며 그 고는 다섯 규빗이요 주위는 삼십 규빗 줄을 두를만하며 24 그 가장자리 아래에는 돌아가며 박이 있는데 매 규빗에 열개씩 있어서 바다 주위에 둘렸으니 그 박은 바다를 부어 만들 때에 두 줄로 부어 만들었으며 25 그 바다를 열 두 소가 받쳤으니 셋은 북을 향하였고 셋은 서를 향하였고 셋은 남을 향하였고 셋은 동을 향하였으며 바다를 그 위에 놓았고 소의 뒤는 다 안으로 두었으며 26 바다의 두께는 한 손 넓이만 하고 그 가는 백합화의 식양으로 잔 가와 같이 만들었으니 그 바다에는 이천 밧을 담겠더라"

물두멍

THE LAVER / כִּיּוֹר 키요르 / 洗盤
출(Exod/出) 30:17-21, 38:8

출애굽기 30:19-21 "아론과 그 아들들이 그 두멍에서 수족을 씻되 20그들이 회막에 들어갈 때에 물로 씻어 죽기를 면할 것이요 단에 가까이 가서 그 직분을 행하여 화제를 여호와 앞에 사를 때에도 그리 할지니라 21이와 같이 그들이 그 수족을 씻어 죽기를 면할지니 이는 그와 그 자손이 대대로 영원히 지킬 규례니라"

"그가 놋으로 물두멍을 만들고 그 받침도 놋으로 하였으니 곧 회막문에서 수종드는 여인들의 거울로 만들었더라" (출 38:8)

"Moreover, he made the laver of bronze with its base of bronze, from the mirrors of the serving women who served at the doorway of the tent of meeting" (Exod 38:8).

また洗盤と、その台を青銅で造った。すなわち会見の幕屋の入口で務をなす女たちの鏡をもって造った。(出38:8)

받침 / כֵּן 켄 / base / 台
출(Exod/出) 30:18, 38:8
참고-출(Exod/出) 31:9, 35:16, 39:39

놋으로 만들고 그 속에 물을 담아 회막과 단 사이에 둠 / 출 30:18, 38:8, 40:30
Make the laver of bronze, put water in it and put it between the tent of meeting and the altar / Exod 30:18; 38:8; 40:30
青銅で造り、その中に水を入れて会見の幕屋と祭壇との間においた。(出30:18, 38:8, 40:30)

수족을 씻어 죽기를 면할 규례, 대대로 영원히 지킬 규례 / 출 30:21
A statute for washing their hands and feet so that they will not die, a perpetual statute throughout their generations / Exod 30:21
死なないように手足を洗う定め。代々にわたる永久の定め。(出30:21)

물두멍 주변에서 수족을 씻는 데 필요한 도구들

כְּלֵי הַכִּיּוֹר 켈레 하키요르 / utensils needed for washing hands and feet at the laver
手足を洗うために用いる器
참고-출(Exod/出) 30:17-21, 40:30-32, 왕상(1 Kgs/列王上) 7:38-39, 대하(2 Chr/歷代下) 4:6, 겔(Ezek/エゼキ) 40:38

솔로몬 성전의 놋바다와 물두멍(10개)
THE BRONZE SEA AND THE TEN BASINS IN SOLOMON'S TEMPLE
ソロモンの宮にある青銅の海と洗盤(10個)

1 놋바다 / Bronze sea / 青銅の海 / 왕상(1 Kgs/列王上) 7:23-26, 44, 대하(2 Chr/歴代下) 4:2-5

크기는 직경이 10규빗(4.56m)이고, 둘레가 30 규빗(13.68m)이며, 높이가 5규빗(2.28m)이나 되는 거대한 크기이다(왕상/1 Kgs/列王上 7:23, 대하/2 Chr/歴代下 4:2). 바다는 성전 안뜰에서 제사장들이나 레위인들이 몸을 씻는 데 사용되었다(대하/2 Chr/歴代下 4:6, 참고-출/Exod/出 29:4, 레/Lev/レビ 8:6). 이 바다는 열두 소가 받치고 있었는데, 각각 세 마리의 소가 그 꼬리를 안쪽으로 두고 머리는 동서남북 사방을 향하고 있었다(왕상/1 Kgs/列王上 7:25, 대하/2 Chr /歴代下 4:4). 바다에 담는 물의 양은 **2천 밧**

(물두멍의 50배)인데, 1밧이 약 22.71리터이므로 **총 45,420리터**의 엄청난 용량이었다 (왕상/1 Kgs/列王上 7:26, 참고-대하/2 Chr/歴代下 4:5). 놋바다는 성전 우편 동남쪽에 두었다 (왕상/1 Kgs/列王上 7:39).

2 열 개의 놋받침과 열 개의 물두멍
Ten stands of bronze and ten basins of bronze / 十個の青銅の台と十個の洗盤
왕상(1 Kgs/列王上) 7:27-39, 43, 대하(2 Chr/歴代下) 4:6

물두멍은 성전 좌우 양편으로 다섯 개씩 두었다(왕상/1 Kgs/列王上 7:39, 대하/2 Chr/歴代下 4:6). 열 개의 놋받침은 물두멍을 각각 하나씩 받치기 위한 것으로(왕상/1 Kgs/列王上 7:38, 43), 물두멍은 희생 제물을 씻는 데 사용되었다(대하/2 Chr/歴代下 4:6). 물두멍 또한 놋으로 만들었으며 그 직경은 네 규빗(1.82cm)이며, 물두멍마다 각각 **40밧(908.4리터**, 1밧 =22.71리터)의 물을 담게 하였다(왕상/1 Kgs/列王上 7:38). 물두멍을 받치는 놋받침의 크기는 길이와 폭이 각각 4규빗(1.82m)이며, 높이가 3규빗(1.37m)으로(왕상/1 Kgs/列王上 7:27), 그 부어 만든 법과 척수와 식양이 열 개 모두 동일하였다(왕상/1 Kgs/列王上 7:37). 그 받침에 각각 네 놋바퀴와 놋축이 있으며, 바퀴의 고는 각각 1.5규빗이다(왕상 7:30, 32-33).

금등대
THE GOLDEN LAMPSTAND

מְנוֹרַה הַזָּהָב 메노라트 하자하브 / 純金の燭台

출(Exod/出) 25:31-40, 37:17-24, 민(Num/民) 8:1-4

금등대의 위치
location of the golden lampstand
純金の燭台の位置
출(Exod/出) 26:35, 27:21, 40:3-4, 24

"그 장 바깥 북편에 상을 놓고 남편에 등대를 놓아 상과 대하게 할지며" (출 26:35)
"You shall set the table outside the veil, and the lampstand opposite the table on the side of the tabernacle toward the south; and you shall put the table on the north side" (Exod 26:35).
『そしてその垂幕の外に机を置き、幕屋の南側に、机に向かい合わせて燭台を置かなければならない。ただし机は北側に置かなければ

출애굽기 25:31-40 "너는 정금으로 등대를 쳐서 만들되 그 밑판과 줄기와 잔과 꽃받침과 꽃을 한 덩이로 연하게 하고 32 가지 여섯을 등대 곁에서 나오게 하되 그 세 가지는 이편으로 나오고 그 세 가지는 저편으로 나오게 하며 33 이편 가지에 살구 꽃 형상의 잔 셋과 꽃받침과 꽃이 있게 하고 저편 가지에도 살구꽃 형상의 잔 셋과 꽃받침과 꽃이 있게 하여 등대에서 나온 여섯 가지를 같게 할지며 34 등대 줄기에는 살구꽃 형상의 잔 넷과 꽃받침과 꽃이 있게 하고 35 등대에서 나온 여섯 가지를 위하여 꽃받침이 있게 하되 두 가지 아래 한 꽃받침이 있어 줄기와 연하게 하며 또 두 가지 아래 한 꽃받침이 있어 줄기와 연하게 하고 36 그 꽃받침과 가지를 줄기와 연하게 하여 전부를 정금으로 쳐 만들고 37 등잔 일곱을 만들어 그 위에 두어 앞을 비추게 하며 38 그 불집게와 불똥 그릇도 정금으로 만들지니 39 등대와 이 모든 기구를 정금 한 달란트로 만들되 40 너는 삼가 이 산에서 네게 보인 식양대로 할지니라"

레위기 24:1-3 "여호와께서 모세에게 일러 가라사대 2 이스라엘 자손에게 명하여 감람을 찧어 낸 순결한 기름을 켜기 위하여 네게로 가져오게 하고 끊이지 말고 등잔불을 켤지며 3 아론은 회막안 증거궤 장 밖에서 저녁부터 아침까지 여호와 앞에 항상 등잔불을 정리할지니 너희 대대로 지킬 영원한 규례라"

불집게 / מַלְקָח 말카흐
snuffer (tongs) / 芯切りばさみ

불똥 그릇 / מַחְתָּה 마흐타
tray / 芯取り皿

금등대
THE GOLDEN LAMPSTAND / מְנוֹרַה הַזָּהָב 메노라트 하자하브 / 純金の燭台
출(Exod/出) 25:31-37, 37:17-24

출애굽기 25:36-39 "그 꽃받침과 가지를 줄기와 연하게 하여 전부를 정금으로 쳐 만들고 37등잔 일곱을 만들어 그 위에 두어 앞을 비추게 하며 38그 불집게와 불똥 그릇도 정금으로 만들지니 39등대와 이 모든 기구를 정금 한 달란트로 만들되"

정금으로 쳐서 만든 등대
מְנוֹרַת זָהָב טָהוֹר מִקְשָׁה 메노라트 자하브 타호르 미크샤
Lampstand of pure gold made of hammered work / 純金を打って造った燭台

① 등대와 부속 기구인 불집게와 불똥 그릇을 만드는 데 사용된 정금은 1달란트 / 출/Exod/出 25:38-39, 37:23-24

② 밑판에서 그 꽃까지 금을 쳐서 만듦 / 출/Exod/出 25:31, 37:17, 민/Num/民 8:4

③ 밑판, 줄기, 잔, 꽃받침, 꽃을 한 덩이로 함. "이편 가지에 살구꽃 형상의 잔 셋과 꽃받침(단수: כַּפְתּר 카프토르)과 꽃 (단수: פֶּרַח 페라흐)이 있게 하고 저편 가지에도 살구꽃 형상의 잔 셋과 꽃받침(단수: כַּפְתּר 카프토르)과 꽃(단수: פֶּרַח 페라흐)이 있게 하여 등 대에서 나온 여섯 가지를 같게 할지며" (출/Exod/出 25:33, 37:19)

등대 줄기 / קְנֵי מְנוֹרַה 케네 메노라
shaft of the lampstand / 燭台の幹
출(Exod/出) 25:31, 34-36, 37:20-22

등대 곁에서 나온 여섯 가지
שִׁשָּׁה קָנִים יֹצְאִים מִצִּדֵּי מְנוֹרַה
쉿샤 카님 요체임 밋치데 메노라
six branches going out from the sides of the lampstand
燭台のわきから出た六つの枝
출(Exod/出) 25:32-33, 37:18-19
"가지 여섯을 등대 곁에서 나오게 하되 그 세 가지는 이편으로 나오고 그 세 가지 는 저편으로 나오게 하며" (출/Exod/出 25:32, 37:18)

밑판 / יָרֵךְ 야레크 / base / 台
출(Exod/出) 25:31, 37:17, 민(Num/民) 8:4

등대 줄기의 꽃, 꽃받침, 잔

נֵר, כַּפְתֹּרִים פְּרָחִים 페라힘, 카프토림, 니르

Flowers, bulbs, and cups of the lampstand / 燭台の幹の節、花、萼(がく)

등잔 / נֵר 니르 / lamps / ともしび皿

출(Exod/出) 25:37, 37:23

"등잔 일곱을 만들어 그 위에 두어 앞을 비추게 하며"(출/Exod/出 25:37)

"아론에게 고하여 이르라 등을 켤 때에는 일곱 등잔을 등대 앞으로 비춰게 할지니라 하시매 3 아론이 그리하여 등불을 등대 앞으로 비춰도록 켰으니…"(민/Num/民 8:2-3)

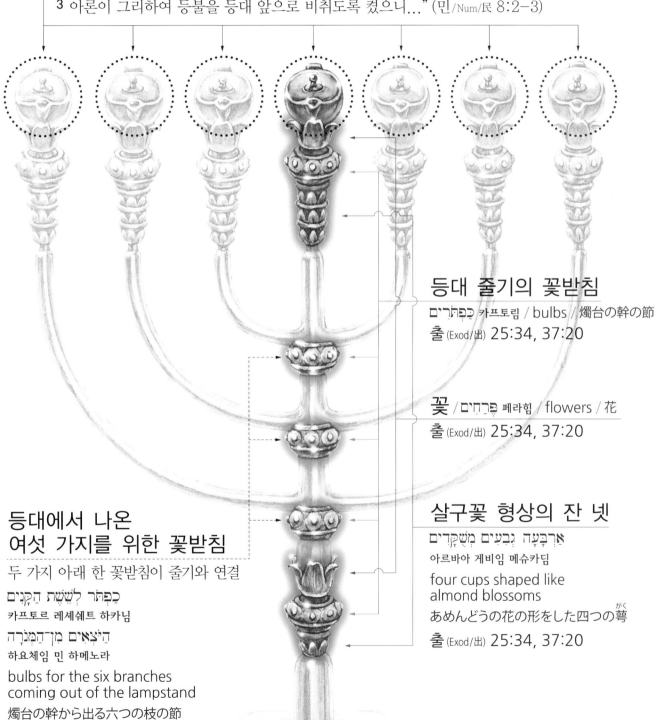

등대 줄기의 꽃받침

כַּפְתֹּרִים 카프토림 / bulbs / 燭台の幹の節

출 (Exod/出) 25:34, 37:20

꽃 / פְּרָחִים 페라힘 / flowers / 花

출 (Exod/出) 25:34, 37:20

등대에서 나온
여섯 가지를 위한 꽃받침

두 가지 아래 한 꽃받침이 줄기와 연결

כַּפְתֹּר לְשֵׁשֶׁת הַקָּנִים

카프토르 레셰쉐트 하카님

הַיֹּצְאִים מִן־הַמְּנֹרָה

하요체임 민 하메노라

bulbs for the six branches
coming out of the lampstand

燭台の幹から出る六つの枝の節

출 (Exod/出) 25:35, 37:21

살구꽃 형상의 잔 넷

אַרְבָּעָה גְבִעִים מְשֻׁקָּדִים

아르바아 게비임 메슈카딤

four cups shaped like
almond blossoms

あめんどうの花の形をした四つの萼(がく)

출 (Exod/出) 25:34, 37:20

등대 여섯 가지 위에 놓인 꽃, 꽃받침, 잔

פְּרָחִים, כַּפְתֹּרִים נֵר 페라힘, 카프토림, 니르
Flowers, bulbs, and cups on the six branches of the lampstand
燭台の六つの枝の上にのせた花、節、萼(がく)

꽃 / פְּרָחִים 페라힘 / flowers / 花
출(Exod/出) 25:34, 37:20

꽃받침 / כַּפְתֹּרִים 카프토림 / bulbs / 節
두 가지 아래 한 꽃받침이 줄기와 연결
출(Exod/出) 25:35-36, 37:21-22

살구꽃 형상의 잔 열여덟 개
אַרְבָּעָה גְבִעִים מְשֻׁקָּדִים
아르바아 게비임 메슈카딤
18 cups shaped like almond blossoms
あめんどうの花の形をした十八の萼(がく)
출(Exod/出) 25:33, 37:19

기구들

כֵּלִים 켈림 / utensils / 器具

출(Exod/出) 25:38-39, 37:23-24, 민(Num/民) 4:9-10 (참고-출(Exod/出) 30:27, 31:8, 35:14, 39:37)

*재료: 정금 / made of pure gold / 純金製

출애굽기 25:38 "그 불집게와 불똥 그릇도 정금으로 만들지니"

출애굽기 37:23 "등잔 일곱과 그 불집게와 불똥 그릇을 정금으로 만들었으니"

민수기 8:4 "이 등대의 제도는 이러하니 곧 금을 쳐서 만든 것인데 밑판에서 그 꽃까지 쳐서 만든 것이라 모세가 여호와께서 자기에게 보이신 식양을 따라 이 등대를 만들었더라"

불집게 / מֶלְקַח 말카흐

snuffer (tongs) / 芯切りばさみ

"불집게는 등잔의 타 버린 심지를 자르거나 등대에 불을 붙이는 도구로 사용되었습니다. 제사장은 등대의 불이 타오르는 동안에 등불이 꺼지는 일이 없도록, 혹은 조금이라도 더 밝게 비취도록 하기 위하여 세심한 주의를 기울여야 했습니다. 감람유가 닳아서 심지가 타 들어가지 않도록 계속 감람유를 공급하고, 심지의 모양을 바로잡아 주었으며, 불집게를 손에 쥐고 심지를 손질하거나 낡은 불똥을 거두어 내는 일을 쉬지 않았을 것입니다. 불똥이 그대로 있으면 불이 밝지 않으며, 또 불을 켤 때마다 그을음이 생길 수 있습니다. 이처럼 일곱 등잔의 일곱 등불을 환히 밝히는 일은 제사장의 지속적이고도 세심한 관심과 주의가 필요했습니다."

– 구속사 시리즈 제 9권 263쪽 인용

불똥 그릇 / מַחְתָּה 마흐타 / tray / 芯取り皿

"불똥 그릇은 번제단의 불을 옮겨 등대의 불을 밝히는 데 쓰입니다. 이는 타고 남은 재를 쓸어 버렸던 "부삽"과는 다르게(출 27:3, 38:3, 민 4:14) 숯불을 담아 나르는 데 사용되었습니다. 불똥 그릇은 또한 번제단의 불을 담아, 향을 피우는 분향단까지 옮기는 도구로도 쓰였습니다. 이와 똑같은 '마흐타'(מַחְתָּה)가 "불 옮기는 그릇"(출 27:3, 38:3, 민 4:14, 왕상 7:50), 혹은 "향로"(레 10:1, 16:12-13, 민 16:6-7, 17-18, 37-39, 46)로 번역되어 있습니다. 주전 586년에 바벨론은 예루살렘을 함락시키고, 성전의 다른 기물들과 함께 이러한 기구들까지 모두 약탈해 갔습니다 (왕하 25:13-17, 렘 52:17-18)."

– 구속사 시리즈 제 9권 264쪽 인용

진설병을 두는 상

THE TABLE OF THE BREAD OF THE PRESENCE

שֻׁלְחָן נָתַן לֶחֶם פָּנִים　슐한 노텐 레헴 파님

供えのパンを置く純金の机

출(Exod/出) 25:23-30, 37:10-16

출애굽기 25:23-30

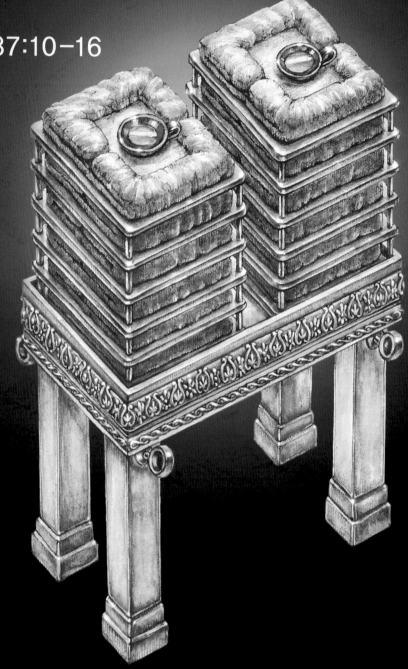

"너는 조각목으로 상을 만들되 장이 이 규빗, 광이 일 규빗, 고가 일 규빗 반이 되게 하고 24 정금으로 싸고 주위에 금테를 두르고 25 그 사면에 손바닥 넓이만한 턱을 만들고 그 턱 주위에 금으로 테를 만들고 26 그것을 위하여 금고리 넷을 만들어 네 발위 네 모퉁이에 달되 27 턱 곁에 달라 이는 상 멜 채를 꿸 곳이며 28 또 조각목으로 그 채를 만들고 금으로 싸라 상을 이 것으로 멜 것이니라 29 너는 대접과 숟가락과 병과 붓는 잔을 만들되 정금으로 만들지며 30 상 위에 진설병을 두어 항상 내 앞에 있게 할지니라"

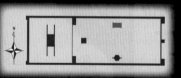

진설병을 두는 상의 위치

location of the table of the bread of the Presence

供えのパンを置く純金の机の位置

출(Exod/出) 26:35, 40:3-4, 22-24

"그 장 바깥 북편에 상을 놓고 남편에 등대를 놓아 상과 대하게 할지며" (출 26:35)

"You shall set the table outside the veil, and the lampstand opposite the table on the side of the tabernacle toward the south; and you shall put the table on the north side" (Exod 26:35).

『そしてその垂幕の外に机を置き、幕屋の南側に、机に向かい合わせて燭台を置かなければならない。ただし机は北側に置かなければならない。』(出26:35)

상 위의 기구들

כֵּלִים עַל־הַשֻּׁלְחָן 켈림 알 하슐한 / utensils on the table / 机の上の器
출(Exod/出) 25:29, 37:16, 민 4:7 (참고 - 출(Exod/出) 30:27, 31:8, 35:13, 39:36)
*모두 정금으로 만듦 / all made of pure gold / すべて純金製

대접 / קְעָרָה 케아라 / dish / 皿

숟가락
כַּף 카프 / pan / 杯、柄杓

(붓는) 병 / קְשָׂה 카사
jar (to pour libations) / 注ぐための瓶

(붓는) 잔
מְנַקִּית 메나키트 / bowl / 注ぐための鉢

진설병을 두는 상

THE TABLE OF THE BREAD OF THE PRESENCE / שֻׁלְחָן נָתַן לֶחֶם פָּנִים 슐한 노텐 레헴 파님

供えのパンを置く純金の机 / 출(Exod/出) 25:23-30, 37:10-16, 레(Lev/レビ) 24:5-9

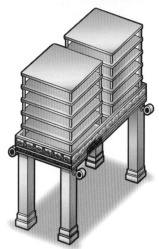

대접

קְעָרָה 케아라 / dishes / 皿

출(Exod/出) 25:29, 37:16

사면에 금으로 테를 만든, 손바닥 넓이만한 턱

מִסְגֶּרֶת טֹפַח עָשָׂה

미스게레트 토파흐 오세

זֵר זָהָב סָבִיב

제르 자하브 사비브

a rim of a handbreadth with a gold border around it

周囲に金の飾り縁がほどこされた手幅の桟(さん)

출(Exod/出) 25:25, 37:12

주위를 돌아가며 두른 금테

זֵר זָהָב סָבִיב

제르 자하브 사비브

gold molding all around

周囲の金の飾り縁

출(Exod/出) 25:24, 37:11

채를 꿰기 위한 금고리 넷

אַרְבַּע טַבְּעֹת זָהָב לְבָתִּים לַבַּדִּים

아르바 타브오트 자하브 레바팀 라바딤

four gold rings as holders for the poles

さおを入れる四つの金の環

출(Exod/出) 25:26, 37:13

위치: 네 발 위 네 모퉁이 턱 곁

출(Exod/出) 25:26-27, 37:13-14

네 발

אַרְבָּעָה רְגָלִים 아르바아 레갈림

four feet / 四つの足

출(Exod/出) 25:26, 37:13

조각목으로 만들어 정금으로 쌈

עָשִׂיתָ עֲצֵי שִׁטִּים וְצִפִּיתָ זָהָב טָהוֹר

아시타 아체 싯팀 베치피타 자하브 타호르

acacia wood overlaid with pure gold

アカシヤ材で造り、純金でおおう

출(Exod/出) 25:23-24, 37:10-11

진설병

 레헴 파님 / bread of the Presence / 供えのパン

매 줄 위에 정결한 유향을 둠

נָתַן עַל הַמַּעֲרֶכֶת לְבֹנָה זַכָּה

노텐 알 하마아레케트 레보나 자카

pure frankincense is put on each pile

おのおのの重ねの上に
純粋の乳香を置く

레(Lev/レビ) 24:7

출(Exod/出)
25:23,
37:10

고 1.5규빗
(68.4cm)

광 1규빗
(45.6m)

장 2규빗
(91.2cm)

진설병 / לֶחֶם פָּנִים 레헴 파님

bread of the Presence / 供えのパン

출(Exod/出) 25:30, 35:13,
39:36, 40:23,
레(Lev/レビ) 24:5-9

상 위에 두 줄로, 한 줄에 여섯씩 진설

שַׂמְתָּ אוֹתָם שְׁתַּיִם מַעֲרָכוֹת

사므타 오탐 셰타임 마아라코트

שֵׁשׁ הַמַּעֲרֶכֶת עַל הַשֻּׁלְחָן

셰쉬 하마아라케트 알 하슐한

set on the table in two piles, six
in a pile (ESV)

机の上にひと重ね六個ずつ、
ふた重ねにして置く

"여호와 앞 순결한 상 위에
두 줄로 한 줄에 여섯씩
진설하고" (레/Lev/レビ 24:6)

진설병의 모양

윗쪽으로 뚫린 구멍

hole on top / 上に開いた穴

옆으로 뚫린 구멍 ──
hole on the side
横に開いた穴

진설병 매 덩이에 고운 가루 에바 $\frac{2}{10}$ (약 4.6리터)

סֹלֶת שְׁנֵי עֶשְׂרֹנִים לַחַלָּה הָאֶחָת 솔레트 셰네 에스로님 라할라 하에하트

two-tenths of an ephah of fine flour in each cake

供えのパン一つ(菓子一個)に麦粉十分の二エパを用いる

"너는 고운 가루를 취하여 떡 열 둘을 굽되 매 덩이를 에바 십분 이로 하여" (레/Lev/レビ 24:5)

*1에바=23리터, 오멜의 10배 / 출(Exod/出) 16:36

분향단
THE ALTAR OF INCENSE

מִזְבֵּחַ הַקְּטֹרֶת 미즈바흐 하케토레트 / 香をたく祭壇

출(Exod/出) 30:1-10, 27, 37:25-29

출애굽기 30:1-10

"너는 분향할 단을 만들지니 곧 조각목으로 만들되 2 장이 일 규빗, 광이 일 규빗으로 네모 반듯하게 하고 고는 이 규빗으로 하며 그 뿔을 그것과 연하게 하고 3 단 상면과 전후 좌우면과 뿔을 정금으로 싸고 주위에 금테를 두를지며 4 금테 아래 양편에 금고리 둘을 만들되 곧 그 양편에 만들지니 이는 단을 메는 채를 꿸 곳이며 5 그 채를 조각목으로 만들고 금으로 싸고 6 그 단을 증거궤 위 속죄소 맞은편 곧 증거궤 앞에 있는 장 밖에 두라 그 속죄소는 내가 너와 만날 곳이며 7 아론이 아침마다 그 위에 향기로운 향을 사르되 등불을 정리할 때에 사를지며 8 또 저녁때 등불을 켤 때에 사를지니 이 향은 너희가 대대로 여호와앞에 끊지 못할지며 9 너희는 그 위에 다른 향을 사르지 말며 번제나 소제를 드리지 말며 전제의 술을 붓지 말며 10 아론이 일년 일차씩 이 향단 뿔을 위하여 속죄하되 속죄제의 피로 일년 일차씩 대대로 속죄할지니라 이 단은 여호와께 지극히 거룩하니라"

분향단의 위치
location of the altar of incense
香をたく祭壇の位置
출(Exod/出) 30:6, 40:3-5, 26

"그가 또 금향단을 회막 안 장(פָּרֹכֶת 파로케트: 구별 짓는 것, 휘장) 앞에 두고" (출 40:26)
"Then he placed the gold altar in the tent of meeting in front of the veil" (Exod 40:26).
『彼は会見の幕屋の中、垂幕の前に金の祭壇をすえ、』(出40:26)

레위기 16:12-13 "향로를 취하여 여호와 앞 단 위에서 피운 불을 그것에 채우고 또 두 손에 곱게 간 향기로운 향을 채워 가지고 장 안에 들어가서 13 여호와 앞에서 분향하여 향연으로 증거궤 위 속죄소를 가리우게 할지니 그리하면 그가 죽음을 면할 것이며"

향연을 피운 금향단
מִזְבֵּחַ הַזָּהָב לִקְטֹרֶת הַסַּמִּים
미즈바흐 하자하브 리크토레트 하삼밈
the gold altar of incense on which fragrant incense is burned
薫香をたいた金の祭壇
출(Exod/出) 30:7-8, 37:29

대속죄일(7월 10일), 대제사장이 향연을 피워 지성소안의 속죄소를 가리움
on the Day of Atonement (10th day of the 7th month), the high priest burned incense so that the cloud of incense may cover the mercy seat that is in the holy of holies
大贖罪日(7月10日)、大祭司が薫香をくべ、至聖所の中の贖罪所を煙でおおう
레(Lev/レビ) 16:12-13

분향단

THE ALTAR OF INCENSE / מִזְבַּח הַקְּטֹרֶת 미즈바흐 하케토레트 / 香をたく祭壇

출(Exod/出) 30:1-10, 37:25-29, 40:5, 26

출애굽기 30:7-8 "아론이 아침마다 그 위에 향기로운 향을 사르되 등불을 정리할 때에 사를지며 ⁸또 저녁 때 등불을 켤 때에 사를지니 이 향은 너희가 대대로 여호와 앞에 끊지 못할지며"

출애굽기 30:36-37 "그 향 얼마를 곱게 찧어 내가 너와 만날 회막 안 증거궤 앞에 두라 이 향은 너희에게 지극히 거룩하니라 ³⁷네가 만들 향은 여호와를 위하여 거룩한 것이니 그 방법대로 너희를 위하여 만들지 말라"

금향로 / מַחְתּוֹת זָהָב 마흐토트 자하브 / golden censer / 金の香炉

"금향로와 사면을 금으로 싼 언약궤가 있고 그 안에 만나를 담은 금항아리와 아론의 싹 난 지팡이와 언약의 비석들이 있고" (히/Heb/ヘブ 9:4)

회막 안 증거궤 앞 장(פָּרֹכֶת 파로케트: 구별 지우는 것, 휘장) 앞에 있는 금향단 위에 향기로운 향을 사름
burned fragrant incense (on the gold altar of incense that was in front of the veil) was before the ark of the testimony
会見の幕屋の中、あかしの箱の垂れ幕の前にある
金の祭壇の上に香ばしい薫香をたく
출(Exod/出) 30:34-38, 40:26-27, 레(Lev/レビ) 16:12-13

정금으로 싼 뿔

קֶרֶן צִפָּה זָהָב טָהוֹר 케렌 초페 자하브 타호르
horns overlaid with pure gold
純金でおおわれた角
출(Exod/出) 30:3, 37:26

주위에 두른 금테

זֵר זָהָב סָבִיב 제르 자하브 사비브
gold molding all around
周囲をおおった金の飾り縁
출(Exod/出) 30:3, 37:26

금고리

טַבְּעֹת זָהָב 타브오트 자하브 / gold rings / 金の環
위치: 금테 아래 양편에 단을 메는 채를 꿸
        고리를 만듦
position: placed the gold rings on opposite sides
        under the gold molding, as holders for
        the poles to carry the altar
位置:飾り縁の下の両側にさおを通して祭壇を担ぐ
        ための金の環を造る
출(Exod/出) 30:4, 37:27

네모 반듯한 분향단

מִזְבֵּחַ מִקְטַר קְטֹרֶת רָבוּעַ 미즈바흐 미크타르 케토레트 라부아
square altar of incense / 正方形の香の祭壇

조각목으로 만들고 정금으로 싸서 뿔과 단을 연결
/ 출(Exod/出) 30:1-3, 37:25-26

made of acacia wood, overlaid with pure gold, and the
horns were of one piece with the altar / Exod 25:37, 37:23

アカシア材で造って純金でおおい、角と祭壇をつなぐ
出 25:37、37:23

"장이 일 규빗, 광이 일 규빗으로 네모 반듯하게 하고
고는 이 규빗으로 하며 그 뿔을 그것과 연하게 하고"
(출/Exod/出 30:2, 참고-출/Exod/出 37:25)

고 2규빗
(91.2cm)

광 1규빗
(45.6cm)

장 1규빗
(45.6cm)

출(Exod/出) 30:2, 37:25

단을 메는 채

בַּדִּים לָשֵׂאת מִזְבֵּחַ 바딤 라세트 미르베아흐
poles for carrying the altar
香の祭壇をかつぐためのさお
출(Exod/出) 30:4-5, 37:27-28

조각목으로 만들고 금으로 쌈
made of acacia wood and
overlaid with gold
アカシア材で造り、金でおおう
출(Exod/出) 30:5, 37:28

앙장과 덮개
CURTAINS AND COVERINGS

יְרִיעֹת וּמִכְסִים 예리오트 우미크심 / 幕とおおい

출(Exod/出) 26:1-14, 36:8-19

1 내부앙장(성막) / מִשְׁכָּן 미쉬칸
inner curtain (the tabernacle) / 内部の幕(聖なる幕)

2 외부앙장(막) / אֹהֶל 오헬
outer curtain (the tent) / 外部の幕(天幕)

앙장과 덮개의 위치
location of the curtains and coverings
幕とおおいの位置

"또 성막 위에 막을 펴고 그 위에 덮개를 덮으니..." (출 40:19)
"He spread the tent over the tabernacle and put the covering of the tent on top of it" (Exod 40:19).
『幕屋の上に天幕をひろげ、その上に天幕のおおいをかけた。…』(出40:19)

3 막의 덮개 / מכסה 미크세
covering for the tent / 天幕のおおい

4 웃덮개 / מכסה ממעל 미크세 미마알
covering above / 上にかけるおおい

앙장과 덮개
CURTAINS AND COVERINGS / יְרִיעֹת וּמִכְסִים 예리오트 우미크심 / 幕とおおい
출(Exod/出) 26:1-14, 36:8-19

1 내부앙장(성막) / מִשְׁכָּן 미쉬칸 / inner curtain (the tabernacle) / 内部の幕(聖なる幕)

가장 안쪽, 성소 내부의 천장은 그룹을 수놓은 앙장만 보임
가늘게 꼰 베실과 청색 자색 홍색 실로 그룹을 수놓은 앙장
출(Exod/出) 26:1-6, 36:8-13

יְרִיעֹת עֹשֶׂה שֵׁשׁ מָשְׁזָר וּתְכֵלֶת וְאַרְגָּמָן וְתֹלַעַת שָׁנִי כְּרֻבִים מַעֲשֵׂה חֹשֵׁב
예리오트 오쉐 셰쉬 모쉬자르 우테켈레트 베아르가만 베톨라아트 샤니 케루빔 마아세 호셰브

curtains of fine twisted linen and blue, purple and scarlet material with embroidered cherubim

亜麻の撚糸, 青糸, 紫糸, 緋糸でケルビムが織り出された幕

장 28규빗(12.77m), 광 4규빗(1.82m)의 앙장 10폭
/ 출(Exod/出) 26:1-3, 36:8-10

각각 5폭씩 두 부분으로 나누고 금갈고리로
연결 / 출(Exod/出) 26:3-6, 36:10-13

It should be two parts, five curtains in each part, and the two should be joined with gold clasps.

それぞれの幕五枚を互いに
金の輪で連ね合わせる。

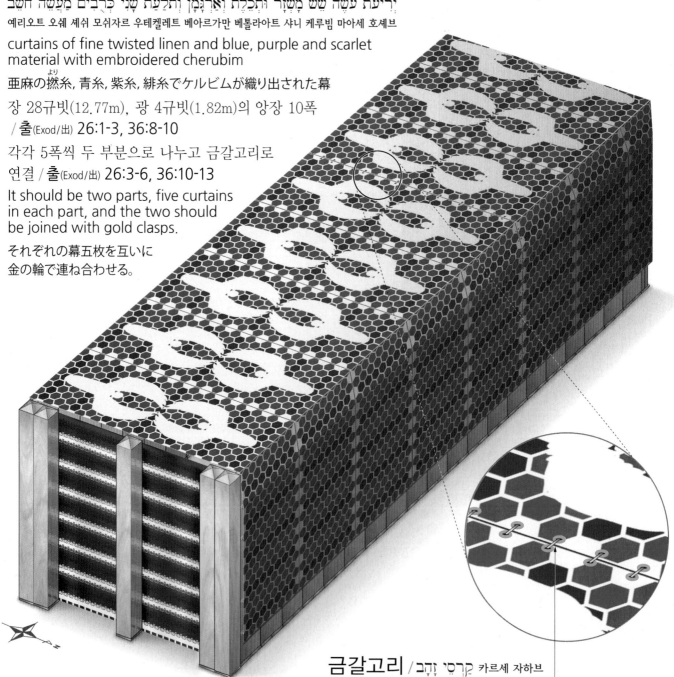

금갈고리 / קַרְסֵי זָהָב 카르세 자하브
gold clasps / 金の輪
출(Exod/出) 26:4-6, 36:11-13

출애굽기 26:1-14　"너는 성막을 만들되 앙장 열 폭을 가늘게 꼰 베실과 청색 자색 홍색 실로 그룹을 공교히 수놓아 만들지니... ⁷그 성막을 덮는 막 곧 앙장을 염소털로 만들되... ¹⁴붉은 물들인 숫양의 가죽으로 막의 덮개를 만들고 해달의 가죽으로 그 웃덮개를 만들지니라"

2 외부앙장(막) / אֹהֶל 오헬 / outer curtain (the tent) / 外部の幕(天幕)

염소털로 만든 앙장 / 출(Exod/出) 26:7-13, 36:14-18

יְרִיעֹת עִזִּים 예리오트 이짐 / curtains of goats' hair / やぎの毛糸で作った幕

장 30규빗(13.68m), 광 4규빗(1.82m)의 앙장 11폭 / 출(Exod/出) 26:7-8, 36:14-15

각각 5폭과 6폭씩 두 부분으로 나누되, 6폭 절반은 성막 전면에 나머지 절반은 성막 뒤에 드리움, 놋갈고리로 연결 / 출(Exod/出) 26:9-13, 36:16-18

It should be two parts, one part of five curtains, the other of six curtains; the sixth curtain shall be double over at the front of the tent. The two parts shall be joined with bronze clasps.

幕を五枚と六枚に分け、その六枚目の 幕を天幕の前に、またその残りの 半幕を幕屋のうしろに垂れ させる。青銅の輪で 連ね合わせる。

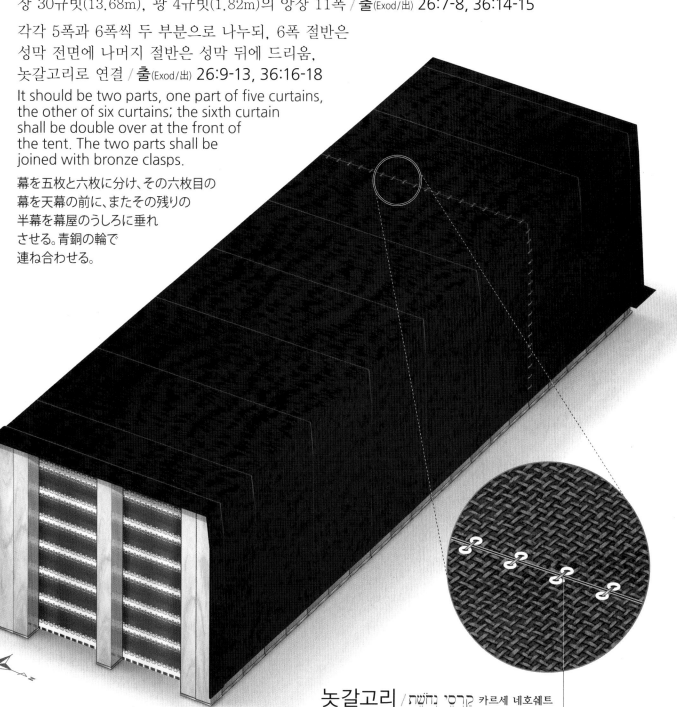

놋갈고리 / קַרְסֵי נְחֹשֶׁת 카르세 네호쉐트
bronze clasps / 青銅の輪
출(Exod/出) 26:10-11, 36:17-18

3 막의 덮개 / מִכְסֶה 미크세 / covering for the tent / 天幕のおおい

붉은 물들인 숫양의 가죽으로 된 막의 덮개

מִכְסֶה לָאֹהֶל עֹרֹת אֵילִם מְאָדָּמִים

미크세 라오헬 오로트 엘림 메아다밈

covering of rams' skins dyed red

あかね染めの雄羊の皮で造った天幕のおおい

출(Exod/出) 26:14, 36:19

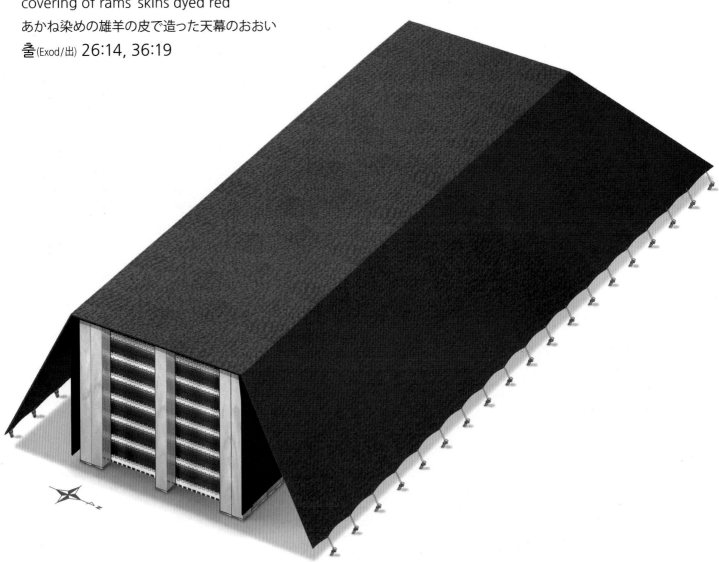

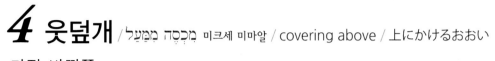

4 웃덮개 / מִכְסֶה מִמַּעַל 미크세 미마알 / covering above / 上にかけるおおい

가장 바깥쪽

해달의 가죽으로 만든 웃덮개

מִכְסֵה עֹרֹת תְּחָשִׁים מִמַּעַל

미크세 오로트 테하쉼 미마알

covering of porpoise skins above

天幕の上にかけるじゅごんの皮で造ったおおい

출(Exod/出) 26:14, 36:19

성소 입구(동편)에서 본 앙장과 덮개
CURTAINS AND COVERINGS VIEWED FROM THE ENTRANCE OF THE SANCTUARY (EAST)
聖所の入口(東側)から見た幕とおおい

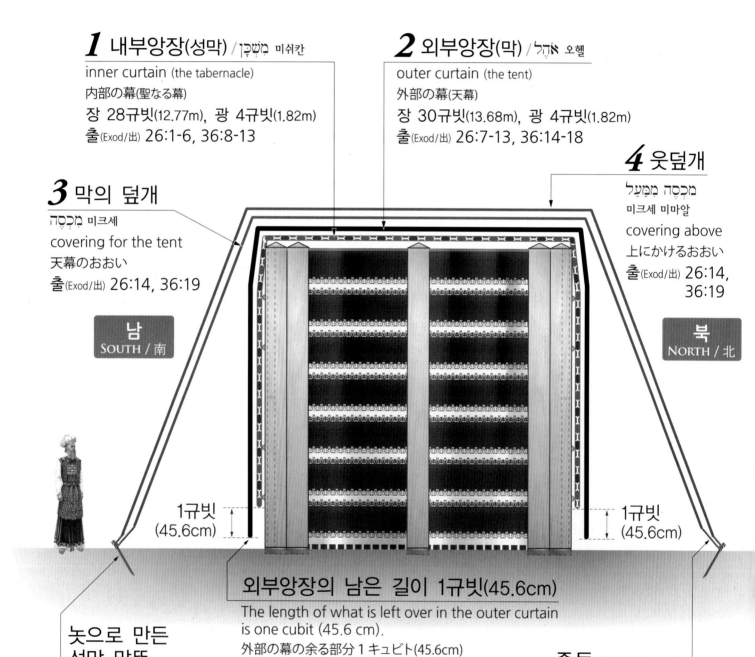

1 내부앙장(성막) / מִשְׁכָּן 미쉬칸
inner curtain (the tabernacle)
内部の幕(聖なる幕)
장 28규빗(12.77m), 광 4규빗(1.82m)
출(Exod/出) 26:1-6, 36:8-13

2 외부앙장(막) / אֹהֶל 오헬
outer curtain (the tent)
外部の幕(天幕)
장 30규빗(13.68m), 광 4규빗(1.82m)
출(Exod/出) 26:7-13, 36:14-18

4 웃덮개
מִכְסֶה מִמַּעַל
미크세 미마알
covering above
上にかけるおおい
출(Exod/出) 26:14, 36:19

3 막의 덮개
מִכְסֶה 미크세
covering for the tent
天幕のおおい
출(Exod/出) 26:14, 36:19

남
SOUTH / 南

북
NORTH / 北

1규빗
(45.6cm)

1규빗
(45.6cm)

외부앙장의 남은 길이 1규빗(45.6cm)
The length of what is left over in the outer curtain is one cubit (45.6 cm).
外部の幕の余る部分 1 キュビト(45.6cm)
성막 좌우 양편에 덮어 드리움
출(Exod/出) 26:13

놋으로 만든 성막 말뚝
יְתֵדֹת נְחֹשֶׁת לַמִּשְׁכָּן
이트도트 네호쉐트 라미쉬칸
bronze pegs of the tabernacle
青銅で造った幕屋の釘
출(Exod/出) 27:19, 35:18, 38:20, 31

줄들 / מֵיתָרִים 메타림
cords / ひも
민(Num/民) 3:25-26, 36-37, 4:25-26, 31-32

앙장들과 덮개들의 펼친 트기 비교

SIZE COMPARISON OF THE CURTAINS AND COVERINGS

広げた幕とおおいの大きさの比較

외부앙장 연결 부분(놋갈고리)
part that joins the outer curtain (bronze clasps)
外部の幕を連ね合わせた部分(青銅の輪)

2규빗
(91.2cm)

내부앙장 연결 부분(금갈고리)
part that joins the inner curtain (gold clasps)
内部の幕を連ね合わせた部分(金の輪)

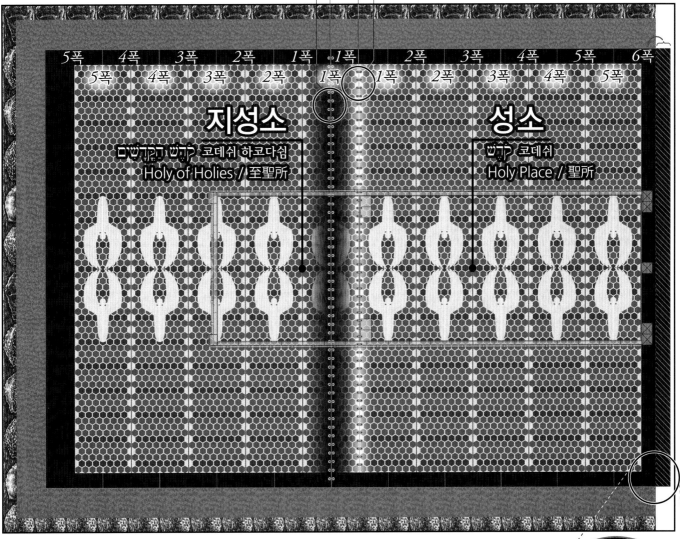

5폭 4폭 3폭 2폭 1폭 1폭 2폭 3폭 4폭 5폭 6폭
5폭 4폭 3폭 2폭 1폭 1폭 2폭 3폭 4폭 5폭

지성소
קֹדֶשׁ הַקֳּדָשִׁים 코데쉬 하코다쉼
Holy of Holies / 至聖所

성소
קֹדֶשׁ 코데쉬
Holy Place / 聖所

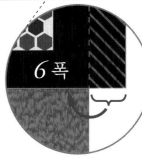

6폭

여섯 째 폭의 절반은 성막 전면에 접어 드리움
לִכְפֹּל אֶת־הַיְרִיעָה הַשִּׁשִׁית אֶל־מוּל פְּנֵי הָאֹהֶל
리케폴 에트 하예리하 하쉬쉬트 엘 물 페네 하오헬
The sixth curtain was doubled over at the front of the tent.
六枚目の幕を天幕の前で折り重ねる

출(Exod/出) 26:9

펼친 내부앙장(성막)

מִשְׁכָּן 미쉬칸

Unfolded inner curtain (the tabernacle)

広げた内部の幕(聖なる幕)

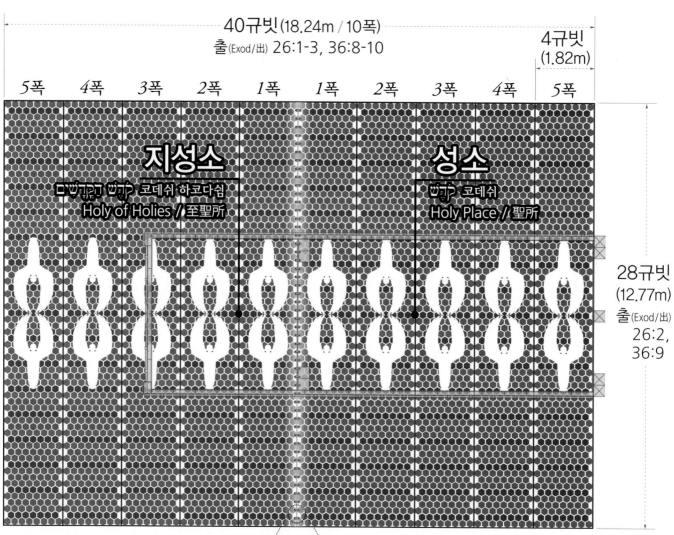

40규빗(18.24m / 10폭)
출(Exod/出) 26:1-3, 36:8-10

4규빗
(1.82m)

5폭　4폭　3폭　2폭　1폭　1폭　2폭　3폭　4폭　5폭

지성소
קֹדֶשׁ הַקֳּדָשִׁים 코데쉬 하코다쉼
Holy of Holies / 至聖所

성소
קֹדֶשׁ 코데쉬
Holy Place / 聖所

28규빗
(12.77m)

출(Exod/出)
26:2,
36:9

양편에 각각 청색 실로 만든 고 50개

fifty loops made of blue on either side

両側にそれぞれ青い糸で造った五十の輪

출(Exod/出) 26:4-5, 36:11-12

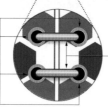

금갈고리 50개

fifty gold clasps

五十の金の輪

출(Exod/出) 26:4-6, 36:11-13

28규빗(12.77m) 출(Exod/出) 26:2, 36:9

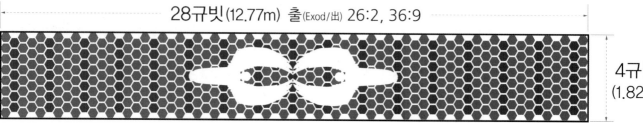

4규빗
(1.82m)

내부앙장을 만드는 순서

The order for making the inner curtain / 内部の幕を連ね合わせる順序

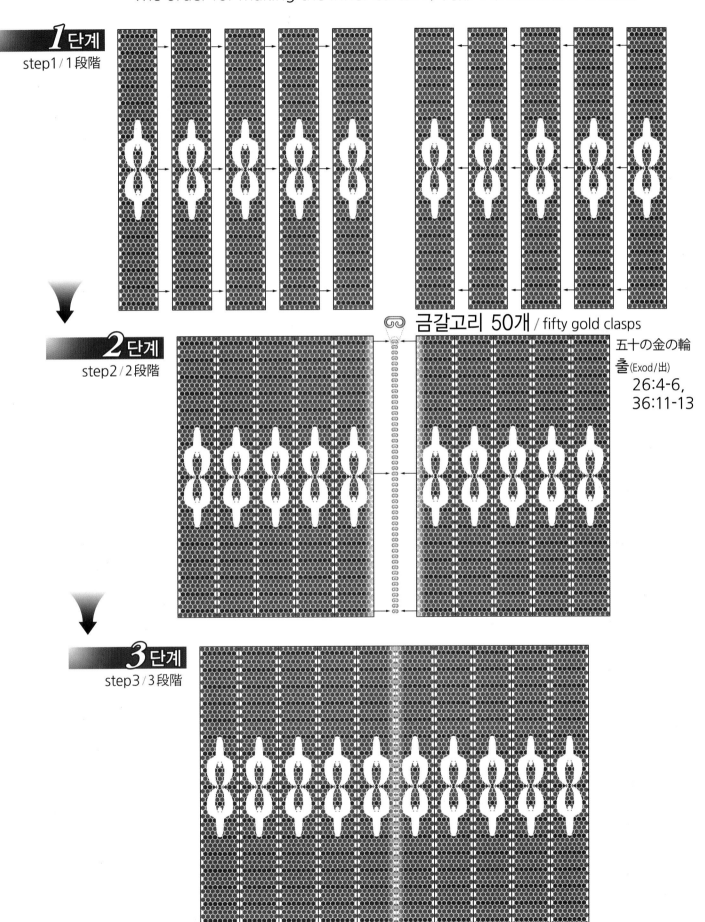

1단계
step1 / 1段階

2단계
step2 / 2段階

금갈고리 50개 / fifty gold clasps

五十の金の輪
출(Exod/出)
26:4-6,
36:11-13

3단계
step3 / 3段階

펼친 외부앙장(막)

אֹהֶל 오헬

Unfolded outer curtain (the tent)

広げた外部の幕(天幕)

여섯 째 폭의 절반은
성막 전면에 접어 드리움 출(Exod/出) 26:9

〈옆에서 본 모습〉
side view

2규빗	1규빗	1규빗
(91.2cm)	(45.6cm)	(45.6cm)

6 폭

44규빗 (20.06m / 11폭)
출(Exod/出) 26:7-8, 36:14-15

4규빗
(1.82m)

5폭	4폭	3폭	2폭	1폭	1폭	2폭	3폭	4폭	5폭	6폭

지성소

קֹדֶשׁ הַקֳּדָשִׁים
코데쉬 하코다쉼
Holy of Holies
至聖所

성소

קֹדֶשׁ 코데쉬
Holy Place
聖所

30규빗
(13.68m)
출(Exod/出)
26:8,
36:15

양편에 각각 고 50개
fifty loops on either side
両側にそれぞれ五十の輪
출(Exod/出) 26:10, 36:17

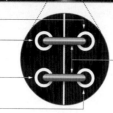

놋갈고리 50개
fifty bronze clasps
五十の青銅の輪
출(Exod/出) 26:10-11, 36:17-18

30규빗 (13.68m) 출(Exod/出) 26:8, 36:15

4규빗
(1.82m)

외부앙장을 만드는 순서

The order for making the outer curtain / 外部の幕を連ね合わせる順序

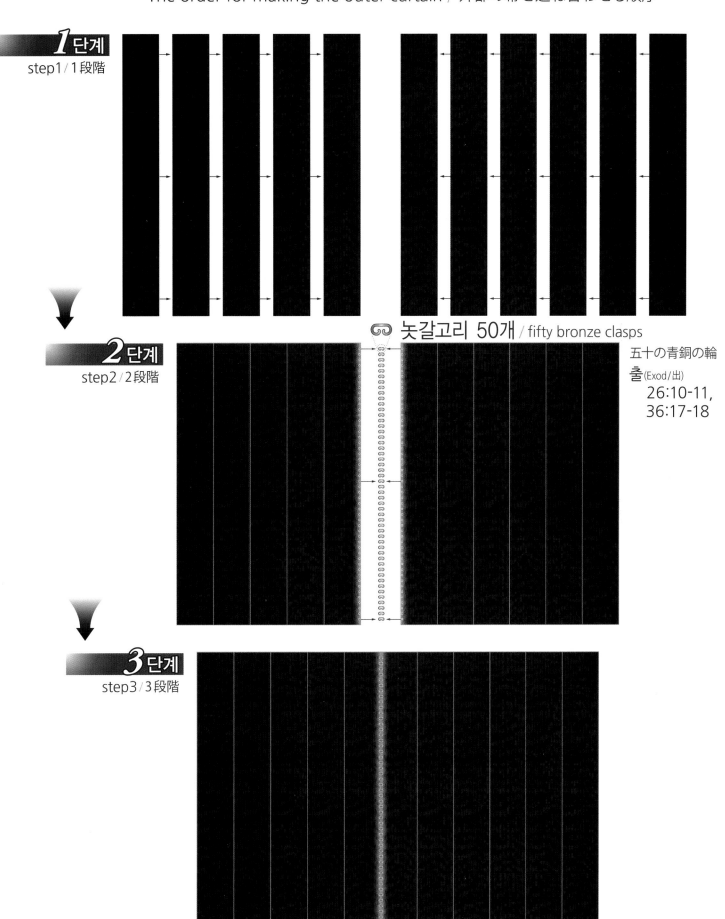

1단계 step1 / 1段階

2단계 step2 / 2段階

놋갈고리 50개 / fifty bronze clasps

五十の青銅の輪
출(Exod/出)
26:10-11,
36:17-18

3단계 step3 / 3段階

측면(남편)에서 본 성소
THE SANCTUARY VIEWED FROM THE SIDE (SOUTH)
側面(南側)から見た聖所

금갈고리 / כַּרְסֵי זָהָב 카르세 자하브
gold clasps / 金の輪
각 말폭 가에 청색 고(לֻלָאֹה 룰라아: 고리)
50개를 달고 금갈고리 50개로 연결
출(Exod/出) 26:4-6, 36:11-13

놋갈고리 / כַּרְסֵי נְחֹשֶׁת 카르세 네호쉐트
bronze clasps / 青銅の輪
고를 만들어 놋갈고리 50개로 연결
출(Exod/出) 26:10-11, 36:17-18

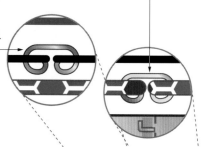

서
WEST / 西

4 웃덮개
מִכְסֶה מִמַּעַל 미크세 미마알
covering above
上にかけるおおい
출(Exod/出)
26:14, 36:19

3 막의 덮개
מִכְסֶה 미크세
covering for the tent
天幕のおおい
출(Exod/出) 26:14, 36:19

널판의 두께: 0.25규빗(11.4cm)
thickness of the board: 0.25 cubit (11.4 cm)
立枠の厚さ：0.25キュビト(11.4cm)
참고·출(Exod/出) 26:15-16, 22-25, 36:20-21, 27-30

줄들 / מֵיתָרִים 메타림
cords / ひも
민(Num/民) 3:25-26, 36-37,
4:25-26, 31-32

외부앙장의 나머지 그 반 폭은 성막 뒤에 드리움
The remaining part of the outer curtain, the half curtain that is left over, should hang over the back of the tabernacle.
幕の残りの半幕を幕屋のうしろに垂れさせる / 출(Exod/出) 26:12

놋으로 만든 성막 말뚝
יְתֵדֹת נְחֹשֶׁת לַמִּשְׁכָּן 이트도트 네호쉐트 라미쉬칸
bronze pegs for the tabernacle
青銅で造った幕屋の釘
출(Exod/出) 27:19, 35:18, 38:20, 29-31

띠를 꿸 금고리
טַבְּעֹת זָהָב בָּתִּים לַבְּרִיחִם 타브오트 자하브 바팀 라베리아흐
gold rings as holders for the bars
横木を通すための金の環 / 출(Exod/出) 26:29, 36:34

2 외부앙장(막)

אֹהֶל 오헬 / outer curtain (the tent) / 外部の幕(天幕)

장 30규빗(13.68m), 광 4규빗(1.82m)

출(Exod/出) 26:7-13, 36:14-18

1 내부앙장(성막)

מִשְׁכָּן 미쉬칸 / inner curtain (the tabernacle)
内部の幕(聖なる幕)

장 28규빗(12.77m), 광 4규빗(1.82m)

출(Exod/出) 26:1-6, 36:8-13

널판 / קֶרֶשׁ 케레쉬 / boards / 立枠

출(Exod/出) 26:15-25, 29, 36:20-30, 34

성소(회막)과 덮개의 위치

location of the sanctuary
(the tent of meeting) and
coverings

聖所(会見の幕屋)とおおいの位置

여섯 째 폭의 절반은
성막 전면에 접어 드리움

לִכְפֹּל אֶת־הַיְרִיעָה הַשִּׁשִׁית

리크폴 에트 하예리아 하쉬쉬트

אֶל־מוּל פְּנֵי הָאֹהֶל

엘 물 페네 하오헬

The sixth curtain at the front of
the tent was doubled over.

六枚目の幕を天幕の前で折り重ねる

출(Exod/出) 26:9

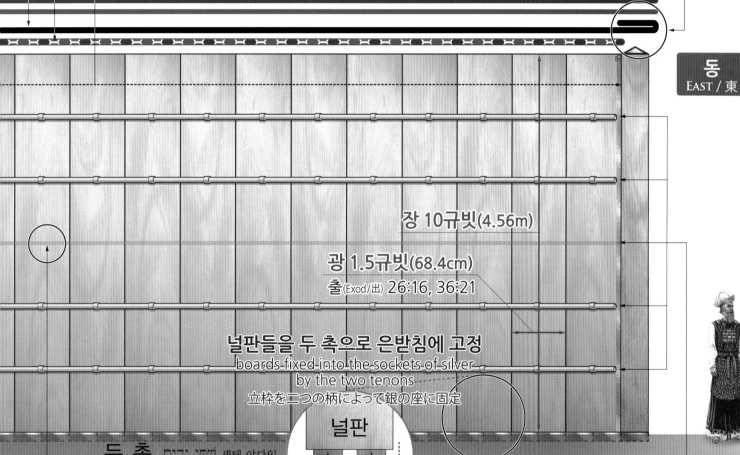

동
EAST / 東

장 10규빗(4.56m)

광 1.5규빗(68.4cm)

출(Exod/出) 26:16, 36:21

널판들을 두 촉으로 은받침에 고정
boards fixed into the sockets of silver
by the two tenons
立枠を二つの柄によって銀の座に固定

널판

두 촉 שְׁתֵּי יָדַיִם 셰테 야다임

two tenons 二つの柄

출(Exod/出) 26:19, 36:24

널판 1개당 은받침 2개
two sockets of silver for each board
立枠一つあたり、銀の座二つ

출(Exod/出) 26:19, 21, 25, 36:24, 26, 30

각 널판들의 중앙을 통과하는 **중간띠**는
이 끝에서 저 끝에 미침

The middle bar passes through the center
of the boards from end to end.
枠のまん中にある**中央の横木**は端から端まで
通るようにする

출(Exod/出) 26:28, 36:33

조각목으로 만들어서 금으로 싼 띠(5개)

בְּרִיחֵי עֲצֵי שִׁטִּים מְצֻפִּים זָהָב 베리헤 아체 쉿팀 메추핌 자하브

five bars of acacia wood overlaid with gold
アカシヤ材で造り、金でおおった五つの横木

출(Exod/出) 26:26-29, 36:31-34

언약궤
(증거궤)

THE ARK OF THE COVENANT
(THE ARK OF THE TESTIMONY)

אֲרוֹן הַבְּרִית (אֲרֹן הָעֵדֻת)

아론 하베리트(아론 하에두트)

契約の箱(あかしの箱)

출(Exod/出) 25:10-22,
37:1-9

출애굽기 25:10-22 "그들은 조각목으로 궤를 짓되 장이 이 규빗 반, 광이 일 규빗 반, 고가 일 규빗 반이 되게 하고 11 너는 정금으로 그것을 싸되 그 안팎을 싸고 윗가로 돌아가며 금테를 두르고 12 금고리 넷을 부어 만들어 그 네 발에 달되 이편에 두 고리요 저편에 두 고리며 13 조각목으로 채를 만들고 금으로 싸고 14 그 채를 궤 양편 고리에 꿰어서 궤를 메게 하며 15 채를 궤의 고리에 꿴 대로 두고 빼어내지 말지며 16 내가 네게 줄 증거판을 궤 속에 둘지며 17 정금으로 속죄소를 만들되 장이 이 규빗 반, 광이 일 규빗 반이 되게 하고 18 금으로 그룹 둘을 속죄소 두 끝에 쳐서 만들되 19 한 그룹은 이 끝에, 한 그룹은 저 끝에 곧 속죄소 두 끝에 속죄소와 한 덩이로 연하게 할지며 20 그룹들은 그 날개를 높이 펴서 그 날개로 속죄소를 덮으며 그 얼굴을 서로 대하여 속죄소를 향하게 하고 21 속죄소를 궤 위에 얹고 내가 네게 줄 증거판을 궤 속에 넣으라 22 거기서 내가 너와 만나고 속죄소 위 곧 증거궤 위에 있는 두 그룹 사이에서 내가 이스라엘 자손을 위하여 네게 명할 모든 일을 네게 이르리라"

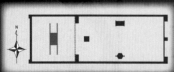

언약궤의 위치
location of the ark of the covenant / 契約の箱の位置
출(Exod/出) 40:3, 21

"또 그 궤를 성막에 들여놓고 장을 드리워서 그 증거궤를 가리우니..." (출 40:21)
"He brought the ark into the tabernacle, and set up a veil for the screen, and screened off the ark of the testimony" (Exod 40:21).
『箱を幕屋に携え入れ、隔ての垂幕をかけて、あかしの箱を隠した。…』(出40:21)

2 언약의 두 돌판(증거판) / שְׁנֵי לֻחֹת הָעֵדֻת 셰네 루호트 하에두트 / δυσί πλάκες τῆς διαθήκη

two stone tablets of the covenant (the testimony) / 二枚の契約の石板(あかしの板)

출(Exod/出) 25:16, 21, 32:15, 34:28-29, 40:20, 신(Deut/申) 10:1-5, 히(Heb/ヘブ) 9:4

〈앞판의 모습〉
front side of the tablet
石版(表面)

〈뒷판의 모습〉
back side of the tablet
石版(裏面)

1 만나 담은 금항아리
צִנְצֶנֶת זָהָב נֹתֵן הַמָּן בְּתוֹכָהּ
치느체네트 자하브 노텐 하만 베토카
στάμνος χρυσῆ ἔχουσα τὸ μάννα
golden jar holding the manna
マナを入れた金のつぼ
출(Exod/出) 16:33-34,
히(Heb/ヘブ) 9:4

3 아론의 싹 난 지팡이
מַטֵּה אַהֲרֹן פֹּרֵחַ 마테 아하론 포레아흐
ἡ ῥάβδος Ἀαρὼν ἡ βλαστήσασα
Aaron's rod which budded
芽を出したアロンの杖
민(Num/民) 17:8-11, 히(Heb/ヘブ) 9:4

언약궤 곁에 둔 율법책
The book of the law that was placed beside the ark of the covenant
契約の箱のかたわらに置いた律法の書
신 (Deut/申) 31:9-13, 24-26

언약궤(증거궤)

The Ark of the Covenant (Ark of the Testimony)

אֲרוֹן הַבְּרִית (אֲרֹן הָעֵדֻת) 아론 하베리트 (아론 하에두트) / 契約の箱(あかしの箱)

출(Exod/出) 25:10-22, 37:1-9, 40:3, 20-21, 참고-출(Exod/出) 31:7, 35:12, 39:35

윗가로 돌아가며 금테로 두름

עָשִׂיתָ עָלָיו זֵר זָהָב סָבִיב 아시타 알라이브 제르 자하브 사비브

gold molding all around / 周囲をおおった金の飾り縁

출(Exod/出) 25:11, 37:2

"윗가로 돌아가며 금테를 만들었으며" (출/Exod/出 25:11, 37:2)

궤를 메기 위한 채

בַּדִּים לָשֵׂאת אֶת־הָאָרֹן 바딤 라세트 에트 하아론

poles for carrying the ark

箱を担ぐためのさお

출(Exod/出) 25:13-15, 37:4-5, 민(Num/民) 4:6

"조각목으로 채를 만들고 금으로 싸고" (출/Exod/出 25:13, 37:4)

"채를 궤의 고리에 꿴 대로 두고 빼어 내지 말지며"
(출/Exod/出 25:15,
참고-출/Exod/出 40:20)

증거판을 넣어 둘 궤

אֲרוֹן הָעֵדֻת 아론 하에두트

the ark that is to house the testimony

あかしの板を納める箱

출(Exod/出) 25:10-11, 16, 21, 신(Deut/申) 10:1-5

"조각목으로 궤를 짓되...정금으로... 그 안팎을 싸고"
(출/Exod/出 25:10-11, 37:1-2)

네 발에 달린 금고리 넷

אַרְבַּע טַבְּעֹת זָהָב עַל אַרְבַּע פַּעֲמֹתָיו 아르바 타브오트 자하브 알 아르바 페아밈

four gold rings fastened on the four feet

四すみに取り付けられた四つの金の環

출(Exod/出) 25:12, 37:3

"금고리 넷을 부어 만들어 네 발에 달되 이편에
두 고리요 저편에 두 고리며" (출/Exod/出 25:12, 37:3)

출애굽기 25:21-22   "속죄소를 궤 위에 얹고 내가 네게 줄 증거판을 궤 속에 넣으라 ²²거기서 내가 너와 만나고 속죄소 위 곧 증거궤 위에 있는 두 그룹 사이에서 내가 이스라엘 자손을 위하여 네게 명할 모든 일을 네게 이르리라"

출애굽기 26:33   "그 장을 갈고리 아래 드리운 후에 증거궤를 그 장 안에 들여놓으라..."

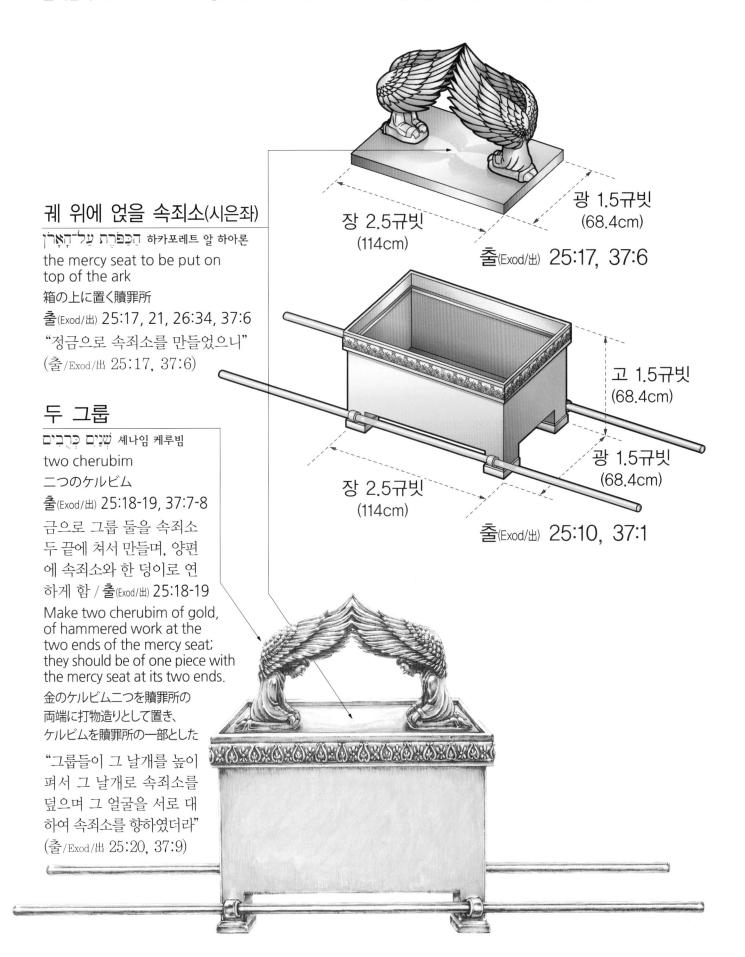

궤 위에 얹을 속죄소(시은좌)

הַכַּפֹּרֶת עַל־הָאָרֹן 하카포레트 알 하아론

the mercy seat to be put on top of the ark

箱の上に置く贖罪所

출(Exod/出) 25:17, 21, 26:34, 37:6

"정금으로 속죄소를 만들었으니"

(출/Exod/出 25:17, 37:6)

두 그룹

שְׁנַיִם כְּרֻבִים 셰나임 케루빔

two cherubim

二つのケルビム

출(Exod/出) 25:18-19, 37:7-8

금으로 그룹 둘을 속죄소 두 끝에 쳐서 만들며, 양편에 속죄소와 한 덩이로 연하게 함 / 출(Exod/出) 25:18-19

Make two cherubim of gold, of hammered work at the two ends of the mercy seat; they should be of one piece with the mercy seat at its two ends.

金のケルビム二つを贖罪所の両端に打物造りとして置き、ケルビムを贖罪所の一部とした

"그룹들이 그 날개를 높이 펴서 그 날개로 속죄소를 덮으며 그 얼굴을 서로 대하여 속죄소를 향하였더라"

(출/Exod/出 25:20, 37:9)

광 1.5규빗 (68.4cm)

장 2.5규빗 (114cm)

출(Exod/出) 25:17, 37:6

고 1.5규빗 (68.4cm)

광 1.5규빗 (68.4cm)

장 2.5규빗 (114cm)

출(Exod/出) 25:10, 37:1

언약궤 속에 둔 세 가지 기념물
THREE MEMORIAL ITEMS IN THE ARK OF THE COVENANT
契約の箱に入れた三つの記念の物
출(Exod/出) 16:33-34, 민(Num/民) 17:10, 신(Deut/申) 10:2, 5, 31:9-13, 24-26, 히(Heb/ヘブ) 9:4

2 언약의 두 돌판(증거판) / שְׁנֵי לֻחֹת הָעֵדֻת 셰네 루호트 하에두트 / δυσί πλάκες τῆς διαθήκη
the two stone tablets of the covenant (the testimony) / 二枚の契約の石板(あかしの板)
출(Exod/出) 25:16, 21, 32:15, 34:28-29, 40:20, 신(Deut/申) 10:1-5, 히(Heb/ヘブ) 9:4

"증거판을 궤 속에 둘지며" (출/Exod/出 25:16, 40:20, 신/Deut/申 10:1-5)

"모세가 돌이켜 산에서 내려오는데 증거의 두 판이 그 손에 있고 그 판의 양면 이편 저편에 글자가 있으니" (출/Exod/出 32:15)

〈앞판의 모습〉
front side of the tablet
石版(表面)

〈뒷판의 모습〉
back side of the tablet
石版(裏面)

"그가 또 증거판을 궤 속에 넣고 채를 궤에 꿰고 속죄소를 궤 위에 두고" (출/Exod/出 40:20)

3 아론의 싹 난 지팡이
מַטֵּה אַהֲרֹן פֹּרֵחַ 마테 아하론 포레아흐
ἡ ῥάβδος Ἀαρὼν ἡ βλαστήσασα
Aaron's rod which budded
芽を出したアロンの杖
민(Num/民) 17:8-11, 히(Heb/ヘブ) 9:4

"아론의 지팡이는 증거궤 앞으로 도로 가져다가 거기 간직하여 패역한 자에 대한 표징이 되게 하여" (민/Num/民 17:10)

1 만나 담은 금항아리
צִנְצֶנֶת זָהָב נֹתֵן הַמָּן בְּתוֹכָה
친느체네트 자하브 노텐 하만 베토카
στάμνος χρυσῆ ἔχουσα τὸ μάννα
golden jar holding the manna
マナを入れた金のつぼ
출(Exod/出) 16:33-34, 히(Heb/ヘブ) 9:4

"항아리를 가져다가 그 속에 만나 한 오멜을 담아 여호와 앞에 두어 너희 대대로 간수하라 34 아론이 여호와께서 모세에게 명하신 대로 그것을 증거판 앞에 두어 간수하게 하였고" (출/Exod/出 16:33-34)

언약궤 곁에 둔 율법책
the book of the law that was placed beside the ark of the covenant
契約の箱のかたわらに置いた 律法の書
신(Deut/申) 31:9-13, 24-26

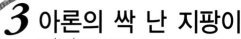

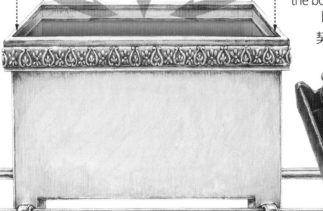

언약궤 곁에 두었던 율법책

THE BOOK OF THE LAW THAT WAS BESIDE THE ARK OF THE COVENANT

契約の箱のかたわらに置いてあった律法の書

신(Deut/申) 31:9-13, 24-26

율법책 / סֵפֶר הַתּוֹרָה 세페르 하토라 / βιβλίῳ τοῦ νόμου

book of the law / 律法の書 / 신(Deut/申) 31:9-13, 24-26

"모세가 이 율법의 말씀을 다 책에 써서 마친 후에 25여호와의 언약궤를 메는 레위 사람에게 명하여 가로되 26이 율법책을 가져다가 너희 하나님 여호와의 언약궤 곁에 두어 너희에게 증거가 되게 하라" (신/Deut/申 31:24-26)

"It came about, when Moses finished writing the words of this law in a book until they were complete, 25 that Moses commanded the Levites who carried the ark of the covenant of the LORD, saying, 26 'Take this book of the law and place it beside the ark of the covenant of the LORD your God, that it may remain there as a witness against you'" (Deut 31:24-26).

"모세가 이 율법을 써서 여호와의 언약궤를 메는 레위 자손 제사장들과 이스라엘 모든 장로에게 주고 10그들에게 명하여 이르기를 매 칠년 끝 해 곧 정기 면제년의 초막절에 11온 이스라엘이 네 하나님 여호와 앞 그 택하신 곳에 모일 때에 이 율법을 낭독하여 온 이스라엘로 듣게 할지니 12곧 백성의 남녀와 유치와 네 성안에 우거하는 타국인을 모으고 그들로 듣고 배우고 네 하나님 여호와를 경외하며 이 율법의 모든 말씀을 지켜 행하게 하고 13또 너희가 요단을 건너가서 얻을 땅에 거할 동안에 이 말씀을 알지 못하는 그들의 자녀로 듣고 네 하나님 여호와 경외하기를 배우게 할지니라"

(신/Deut/申 31:9-13)

"So Moses wrote this law and gave it to the priests, the sons of Levi who carried the ark of the covenant of the LORD, and to all the elders of Israel. 10.Then Moses commanded them, saying, 'At the end of every seven years, at the time of the year of remission of debts, at the Feast of Booths, 11.when all Israel comes to appear before the LORD your God at the place which He will choose, you shall read this law in front of all Israel in their hearing. 12."Assemble the people, the men and the women and children and the alien who is in your town, so that they may hear and learn and fear the LORD your God, and be careful to observe all the words of this law. 13.Their children, who have not known, will hear and learn to fear the LORD your God, as long as you live on the land which you are about to cross the Jordan to possess'" (Deut 31:9-13).

성막을 세우는 순서

THE ORDER OF ERECTING THE TABERNACLE

עֲרֹךְ הַמְּקֹמִים הַמִּשְׁכָּן 에레크 하메킴 하미쉬칸 / 幕屋を建てる順序

출(Exod/出) 40:17-33

출애굽기 40:17-33 "제 이년 정월 곧 그 달 초일일에 성막을 세우니라 18 모세가 성막을 세우되 그 받침들을 놓고 그 널판들을 세우고 그 띠를 띠우고 그 기둥들을 세우고 19 또 성막 위에 막을 펴고 그 위에 덮개를 덮으니 여호와께서 모세에게 명하신 대로 되니라 20 그가 또 증거판을 궤 속에 넣고 채를 궤에 꿰고 속죄소를 궤 위에 두고 21 또 그 궤를 성막에 들여 놓고 장을 드리워서 그 증거궤를 가리우니 여호와께서 모세에게 명하신 대로 되니라 22 그가 또 회막 안 곧 성막 북편으로 장 밖에 상을 놓고 23 또 여호와 앞 그 상 위에 떡을 진설하니 여호와께서 모세에게 명하신 대로 되니라 24 그가 또 회막 안 곧 성막 남편에 등대를 놓아 상과 대하게 하고 25 또 여호와 앞에 등잔에 불을 켜니 여호와께서 모세에게 명하신 대로 되니라 26 그가 또 금 향단을 회막 안 장 앞에 두고 27 그 위에 향기로운 향을 사르니 여호와께서 모세에게 명하신 대로 되니라 28 그가 또 성막 문에 장을 달고 29 또 회막의 성막 문 앞에 번제단을 두고 번제와 소제를 그 위에 드리니 여호와께서 모세에게 명하신 대로 되니라 30 그가 또 물두멍을 회막과 단 사이에 두고 거기 씻을 물을 담고 31 자기와 아론과 그 아들들이 거기서 수족을 씻되 32 그들이 회막에 들어갈 때와 단에 가까이 갈 때에 씻었으니 여호와께서 모세에게 명하신 대로 되니라 33 그가 또 성막과 단 사면 뜰에 포장을 치고 뜰문의 장을 다니라 모세가 이같이 역사를 필하였더라"

1 받침들을 놓고 Laid its Sockets

2 널판들을 세우고 Set up its Boards

3 띠를 띠우고 Inserted its Bars

4 기둥들을 세우고 Erected its Pillars

5 성막 위에 막을 펴고
Spread the Tent over the Tabernacle

6 그 위에 덮개를 덮으니
Put the Covering for the Tent on Top

7 증거궤 준비
Preparation of the Ark of the Testimony

8 궤를 성막에 들여놓고
Brought the Ark into the Tabernacle

9 휘장을 늘어뜨려 Set up a Veil for the Screen

10 상을 놓고 Placed the Table

11 상 위에 떡을 진설하니
Set the Arrangement of Bread in Order on it

12 등대를 놓아 Placed the Lampstand

13 등잔에 불을 켜니 Lighted the Lamps

14 금향단을 휘장 앞에 두고
Placed the Gold Altar in the Tent of Meeting
in front of the Veil

15 향기로운 향을 사르니
Burned Fragrant Incense on it

16 성막 문에 장을 달고
Hung up the Screen at the Door of the Tabernacle

17 번제단을 두고 Set the Altar of Burnt Offering

18 번제와 소제를 그 위에 드리니
Offered on it the Burnt Offering and the Meal Offering

19 물두멍을 두고 Placed the Laver

20 씻을 물을 담고 Put Water in it for Washing

21 포장을 치고 Erected the Court

22 뜰 문의 장을 다니라
Hung up the Screen of the Court Gate

1 받침들을 놓고
LAID ITS SOCKETS / וַיִּתֵּן אֶת־אֲדָנָיו 바이텐 에트 아다나이브 / 座をすえる

"모세가 성막을 세우되 그 받침들을 놓고..."(출/Exod/出 40:18)

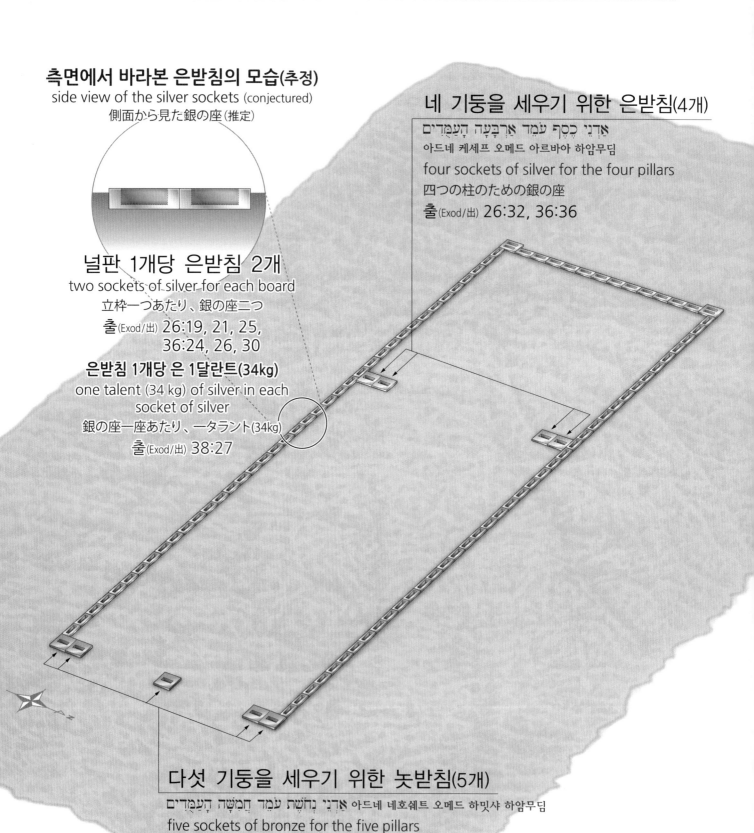

측면에서 바라본 은받침의 모습(추정)
side view of the silver sockets (conjectured)
側面から見た銀の座(推定)

널판 1개당 은받침 2개
two sockets of silver for each board
立枠一つあたり、銀の座二つ
출(Exod/出) 26:19, 21, 25, 36:24, 26, 30

은받침 1개당 은 1달란트(34kg)
one talent (34 kg) of silver in each socket of silver
銀の座一座あたり、一タラント(34kg)
출(Exod/出) 38:27

네 기둥을 세우기 위한 은받침(4개)
אַדְנֵי כֶסֶף עֹמֵד אַרְבָּעָה הָעַמֻּדִים
아드네 케세프 오메드 아르바아 하암무딤
four sockets of silver for the four pillars
四つの柱のための銀の座
출(Exod/出) 26:32, 36:36

다섯 기둥을 세우기 위한 놋받침(5개)
אַדְנֵי נְחֹשֶׁת עֹמֵד חֲמִשָּׁה הָעַמֻּדִים 아드네 네호쉐트 오메드 하밋샤 하암무딤
five sockets of bronze for the five pillars
五つの柱のための青銅の座
출(Exod/出) 26:37, 36:38

널판 밑의 은받침

אַדְנֵי כֶסֶף תַּחַת הַקֶּרֶשׁ 아드네 케세프 타하트 하케레쉬
Sockets of silver under the board / 立枠の下の銀の座
출(Exod/出) 26:19, 21, 25, 36:24, 26, 30

위에서 바라본 은받침의 모습(추정)
A bird's eye view of the silver sockets (conjectured)
上から見た銀の座(推定)

촉의 너비: 3손바닥(22.8cm)
width of the tenon: three handbreadths (22.8 cm)
柄の幅:3手幅(22.8cm)

3손가락(5.7cm)

은받침의
두께: 2손바닥
(15.2cm)
thickness of the
sockets of silver:
two handbreadths
(15.2 cm)
銀の座の厚さ:2手幅
(15.2cm)

2손가락(3.8cm)

촉의 두께:
1손바닥(7.6cm)
thickness of the
tenon: one
handbreadth
(7.6 cm)
柄の厚さ:1手幅
(7.6cm)

0.75규빗(34.2cm)　　0.75규빗(34.2cm)

1.5규빗(68.4cm)

측면에서 바라본 은받침의 모습(추정)
A side view of the silver sockets (conjectured)
側面から見た銀の座(推定)

8.76cm

1.16cm

3손가락(5.7cm)

1손가락(1.9cm)

촉의 높이: 6.86cm
height of the tenon: 6.86 cm
柄の高さ:6.86cm

촉의 너비: 3손바닥(22.8cm)
width of the tenon:
three handbreadths (22.8 cm)
柄の幅:3手幅(22.8cm)

[계산 근거]

① 은받침 1개당 은 1달란트(34kg)
　출(Exod/出) 38:27 (은의 밀도 = 10.5g/cm3)

② 널판의 너비 1.5규빗(68.4cm), 두께 0.25규빗(11.4cm)
　출(Exod/出) 26:16, 36:21

*수치 재는 단위는 본 서 98쪽 참고
*Please refer to page 98 of this booklet for information on measurement units.
*数値を測る単位については、本書の98ページを参考

2 널판들을 세우고
SET UP ITS BOARDS / וַיָּשֶׂם אֶת־קְרָשָׁיו 바야셈 에트 케라샤이브 / 枠を立てる

"...그 널판들을 세우고..." (출/Exod/出 40:18)

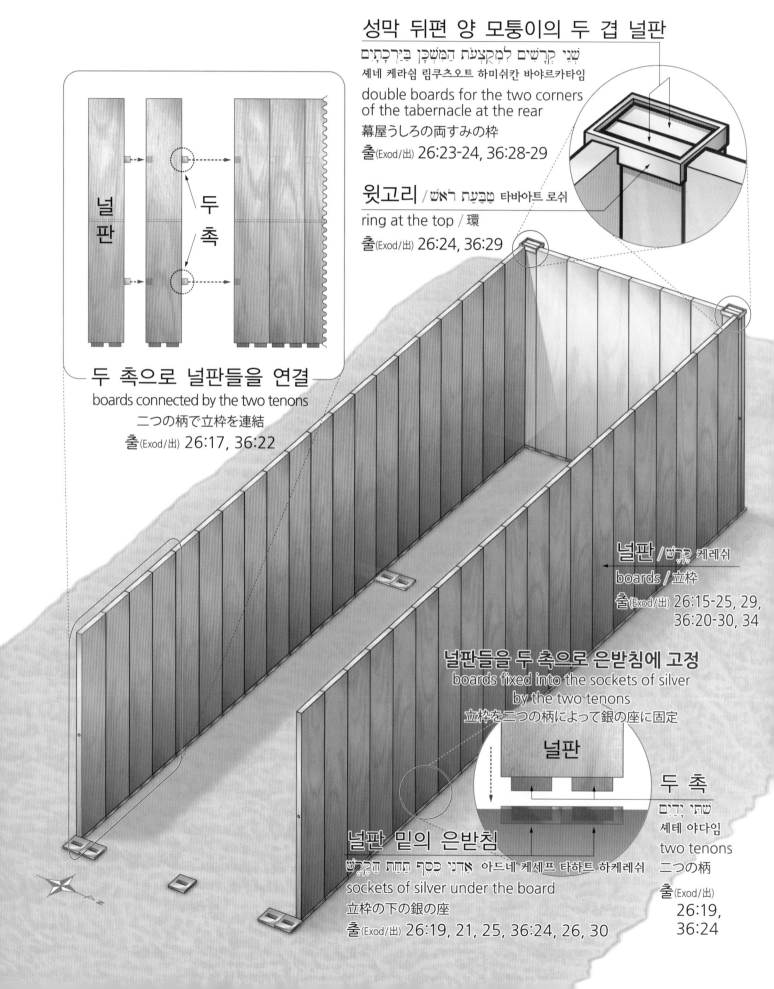

성막 뒤편 양 모퉁이의 두 겹 널판
שְׁנֵי קְרָשִׁים לְמִקְצֹעֹת הַמִּשְׁכָּן בַּיַּרְכָתָיִם
셰네 케라쉼 림쿠츠오트 하미쉬칸 바야르카타임
double boards for the two corners
of the tabernacle at the rear
幕屋うしろの両すみの枠
출(Exod/出) 26:23-24, 36:28-29

윗고리 / טַבַּעַת רֹאשׁ 타바아트 로쉬
ring at the top / 環
출(Exod/出) 26:24, 36:29

널판 (케라쉬 표시)
boards / 立枠
출(Exod/出) 26:15-25, 29,
36:20-30, 34

두 촉으로 널판들을 연결
boards connected by the two tenons
二つの柄で立枠を連結
출(Exod/出) 26:17, 36:22

널판

널판들을 두 촉으로 은받침에 고정
boards fixed into the sockets of silver
by the two tenons
立枠を二つの柄によって銀の座に固定

두 촉
שְׁתֵּי יָדִים
셰테 야다임
two tenons
二つの柄
출(Exod/出)
26:19,
36:24

널판 밑의 은받침
אַדְנֵי כֶסֶף תַּחַת הַקֶּרֶשׁ 아드네 케세프 타하트 하케레쉬
sockets of silver under the board
立枠の下の銀の座
출(Exod/出) 26:19, 21, 25, 36:24, 26, 30

널판

두 촉

널판의 연결

Connecting the boards / 立枠の連結

조각목으로 만들어서 금으로 싼 띠(5개)
bars made of acacia wood and overlaid with gold (five)
アカシア材で造り、金でおおった横木（五つ）
출(Exod/出) 26:26-29, 36:31-34

널판 / קֶרֶשׁ 케레쉬 / boards / 立枠
출(Exod/出) 26:15-25, 29, 36:20-30, 34

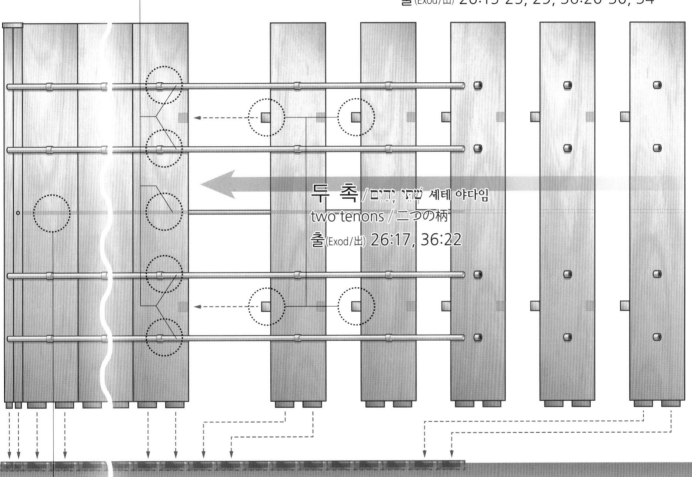

두 촉 / שְׁתֵּי יָדֹים 셰테 야다임
two tenons / 二つの柄
출(Exod/出) 26:17, 36:22

널판 밑의 은받침
אַדְנֵי כֶסֶף תַּחַת הַקֶּרֶשׁ 아드네 케세프 타하트 하케레쉬
sockets of silver under the board / 立枠の下の銀の座
출(Exod/出) 26:19, 21, 25, 36:24, 26, 30

각 널판들의 중앙을 통과하는
중간띠는 이 끝에서 저 끝에 미침
The middle bar passes through the center
of the boards from end to end.
枠のまん中にある**中央の横木**は端から端まで
通るようにする
출/Exod/出 26:28, 36:33

3 띠를 띠우고

INSERTED ITS BARS / וַיִּתֵּן אֶת־בְּרִיחָיו 바이텐 에트 베리하이브 / 横木をさし込む

"...그 띠를 띠우고..." (출/Exod/出 40:18)

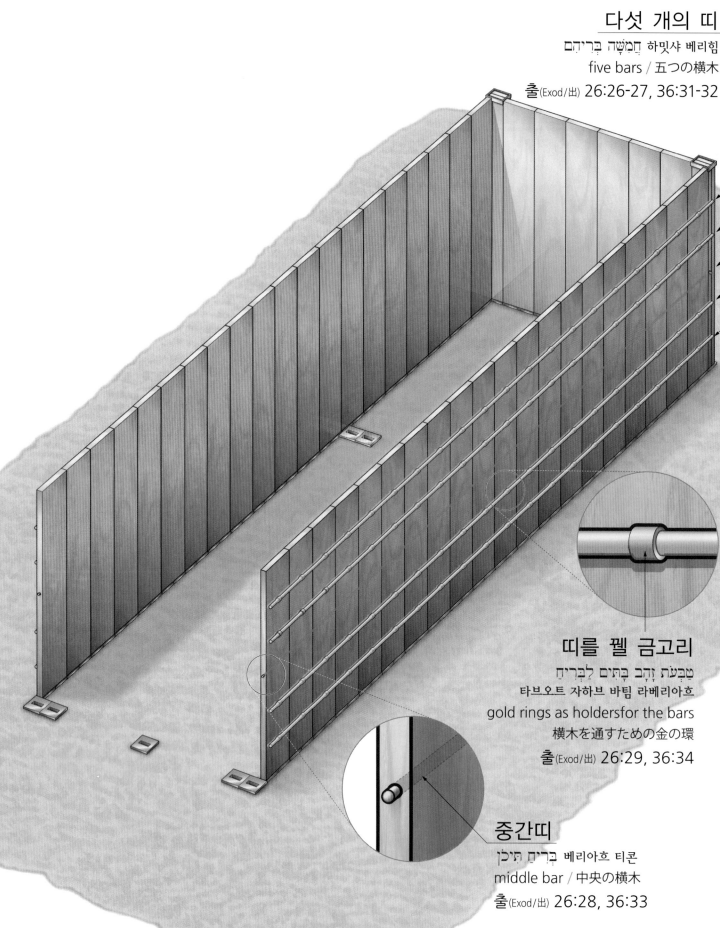

다섯 개의 띠
חֲמִשָּׁה בְרִיחִם 하밋샤 베리힘
five bars / 五つの横木
출(Exod/出) 26:26-27, 36:31-32

띠를 꿸 금고리
טַבְּעֹת זָהָב בָּתִּים לַבְּרִיחַ
타브오트 자하브 바팀 라베리아흐
gold rings as holdersfor the bars
横木を通すための金の環
출(Exod/出) 26:29, 36:34

중간띠
בְּרִיחַ תִּיכֹן 베리아흐 티콘
middle bar / 中央の横木
출(Exod/出) 26:28, 36:33

성막 뒤편 양 모퉁이의 두 겹 널판
double boards for the two corners of the tabernacle at the rear / 幕屋うしろの両すみの枠

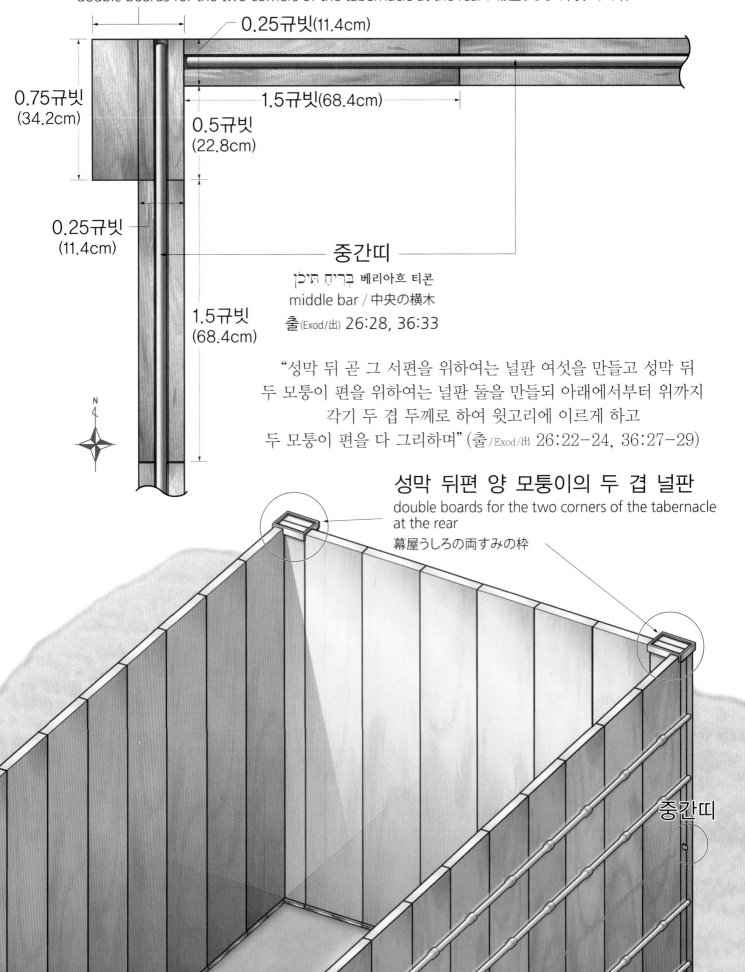

0.25규빗(11.4cm)

0.75규빗
(34.2cm)

1.5규빗(68.4cm)

0.5규빗
(22.8cm)

0.25규빗
(11.4cm)

중간띠

בְּרִיחַ תִּיכֹן 베리아흐 티콘
middle bar / 中央の横木
출(Exod/出) 26:28, 36:33

"성막 뒤 곧 그 서편을 위하여는 널판 여섯을 만들고 성막 뒤
두 모퉁이 편을 위하여는 널판 둘을 만들되 아래에서부터 위까지
각기 두 겹 두께로 하여 윗고리에 이르게 하고
두 모퉁이 편을 다 그리하며"(출/Exod/出 26:22-24, 36:27-29)

1.5규빗
(68.4cm)

성막 뒤편 양 모퉁이의 두 겹 널판
double boards for the two corners of the tabernacle
at the rear
幕屋うしろの両すみの枠

중간띠

4 기둥들을 세우고

ERECTED ITS PILLARS / וַיָּקֶם אֶת־עַמּוּדָיו 바야켐 에트 암무다이브 / 柱を立てる

"...그 기둥들을 세우고" (출/Exod/出 40:18)

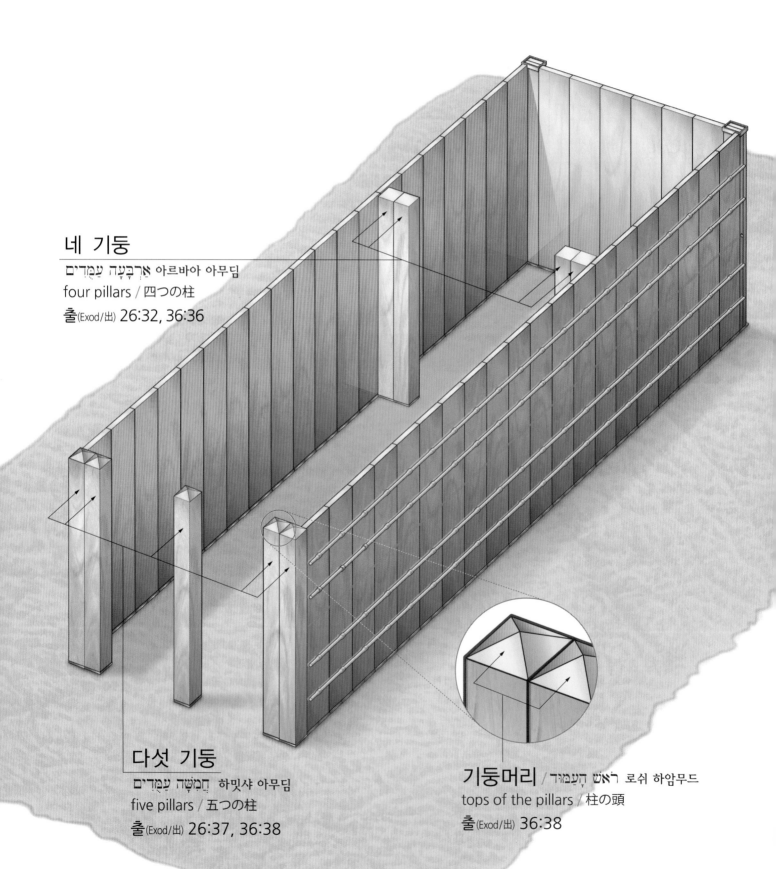

네 기둥
אַרְבָּעָה עַמֻּדִים 아르바아 아무딤
four pillars / 四つの柱
출(Exod/出) 26:32, 36:36

다섯 기둥
חֲמִשָּׁה עַמֻּדִים 하밋샤 아무딤
five pillars / 五つの柱
출(Exod/出) 26:37, 36:38

기둥머리 / רֹאשׁ הָעַמּוּד 로쉬 하암무드
tops of the pillars / 柱の頭
출(Exod/出) 36:38

네 기둥과 다섯 기둥
The four pillars and the five pillars / 四つの柱と五つの柱
출(Exod/出) 26:32, 36:36 / 출(Exod/出) 26:37, 36:38

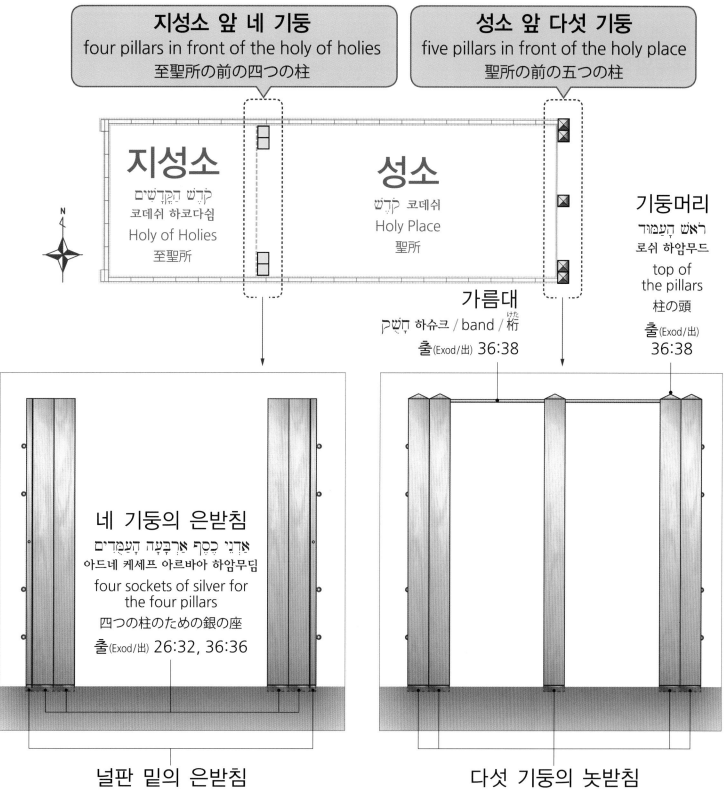

지성소 앞 네 기둥
four pillars in front of the holy of holies
至聖所の前の四つの柱

성소 앞 다섯 기둥
five pillars in front of the holy place
聖所の前の五つの柱

지성소
קֹדֶשׁ הַקֳּדָשִׁים
코데쉬 하코다쉼
Holy of Holies
至聖所

성소
קֹדֶשׁ 코데쉬
Holy Place
聖所

기둥머리
רֹאשׁ הָעַמּוּד
로쉬 하암무드
top of the pillars
柱の頭
출(Exod/出) 36:38

가름대
חָשֻׁק 하슈크 / band / 桁
출(Exod/出) 36:38

네 기둥의 은받침
אַדְנֵי כֶסֶף אַרְבָּעָה הָעַמֻּדִים
아드네 케세프 아르바아 하암무딤
four sockets of silver for the four pillars
四つの柱のための銀の座
출(Exod/出) 26:32, 36:36

널판 밑의 은받침
אַדְנֵי כֶסֶף תַּחַת הַקֶּרֶשׁ
아드네 케세프 타하트 하케레쉬
sockets of silver under the boards
立枠の下の銀の座
출(Exod/出) 26:19, 21, 25, 36:24, 26, 30

다섯 기둥의 놋받침
אַדְנֵי נְחֹשֶׁת חֲמִשָּׁה הָעַמֻּדִים
아드네 네호쉐트 하밋샤 하암무딤
five sockets of bronze for the five pillars
五つの柱のための青銅の座
출(Exod/出) 26:37, 36:38

5 성막 위에 막을 펴고
SPREAD THE TENT OVER THE TABERNACLE
וַיִּפְרֹשׂ אֶת־הָאֹהֶל עַל הַמִּשְׁכָּן
바이프로쉬 에트 하오헬 알 하미쉬칸
幕屋の上に天幕をひろげる

"또 성막 위에 막을 펴고..." (출/Exod/出 40:19)

6 그 위에 덮개를 덮으니
PUT THE COVERING FOR THE TENT ON TOP
וַיָּשֶׂם אֶת־מִכְסֵה הָאֹהֶל עָלָיו מִלְמָעְלָה
바야셈 에트 미크세 하오헬 알라이브 밀마엘라
その上に天幕のおおいをかける

"...그 위에 덮개를 덮으니..." (출/Exod/出 40:19)

내부앙장(성막)

מִשְׁכָּן 미쉬칸 / inner curtain (the tabernacle)
内部の幕(聖なる幕)

출(Exod/出) 26:1-6, 36:8-13

· 장: 28규빗(12.77m)
· 광: 4규빗(1.82m), 10폭
· 재료: 가늘게 꼰 베실과
  청색 자색 홍색 실

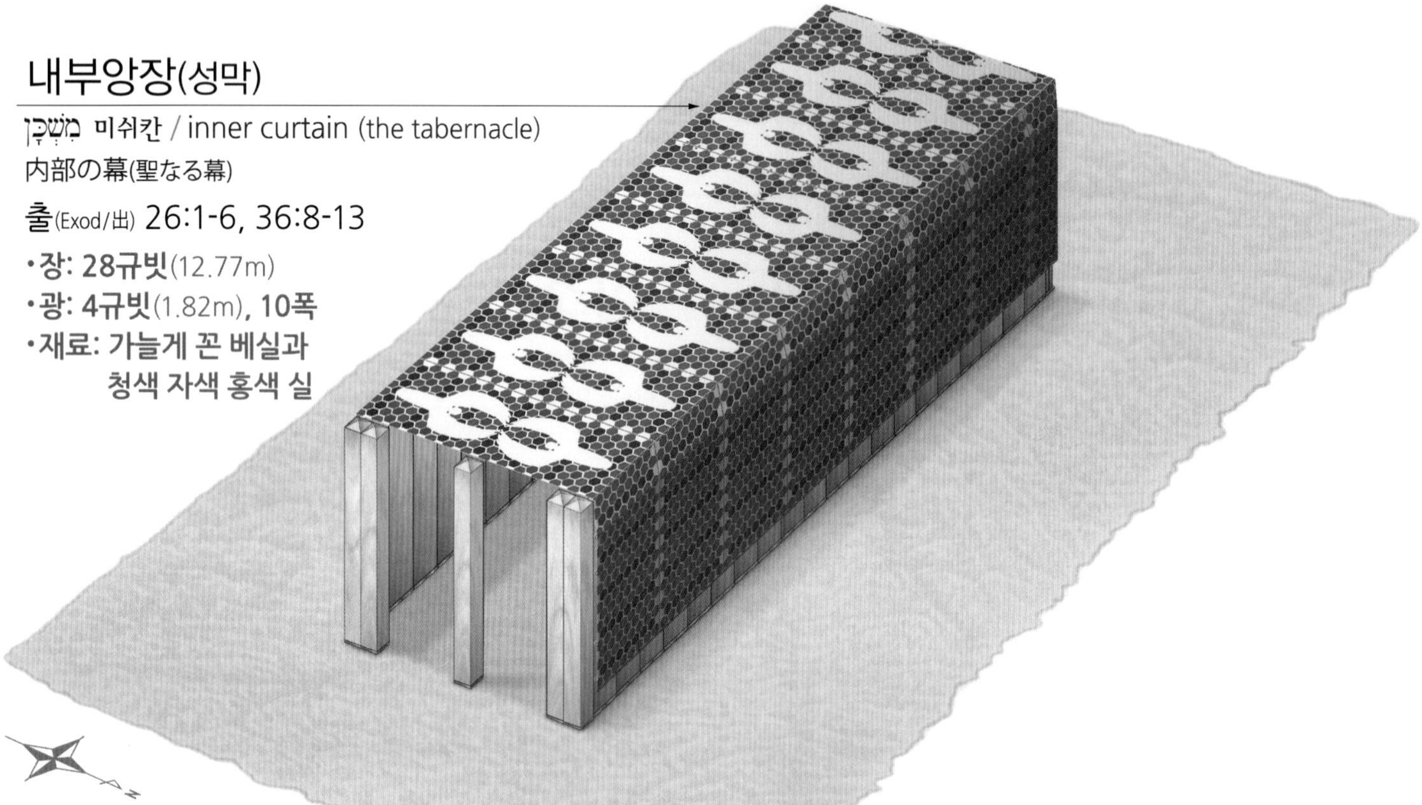

외부앙장(막)

אֹהֶל 오헬 / outer curtain(the tent)
外部の幕(天幕)

출(Exod/出) 26:7-13, 36:14-18

· 장: 30규빗(13.68m)
· 광: 4규빗(1.82m), 11폭
· 재료: 염소털

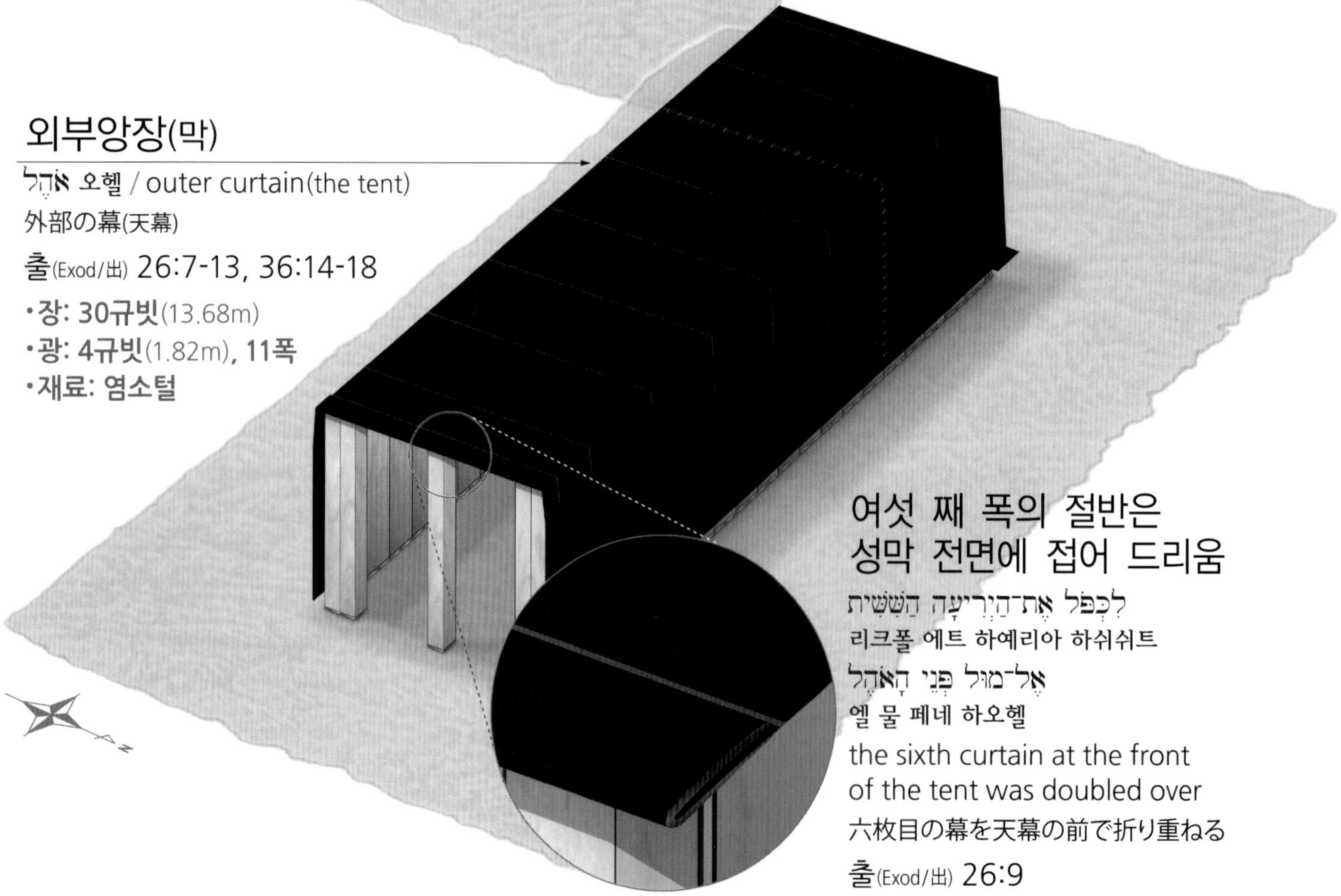

여섯 째 폭의 절반은
성막 전면에 접어 드리움

לִכְפֹּל אֶת־הַיְרִיעָה הַשִּׁשִׁית
리크폴 에트 하예리아 하쉬쉬트
אֶל־מוּל פְּנֵי הָאֹהֶל
엘 물 페네 하오헬

the sixth curtain at the front
of the tent was doubled over
六枚目の幕を天幕の前で折り重ねる
출(Exod/出) 26:9

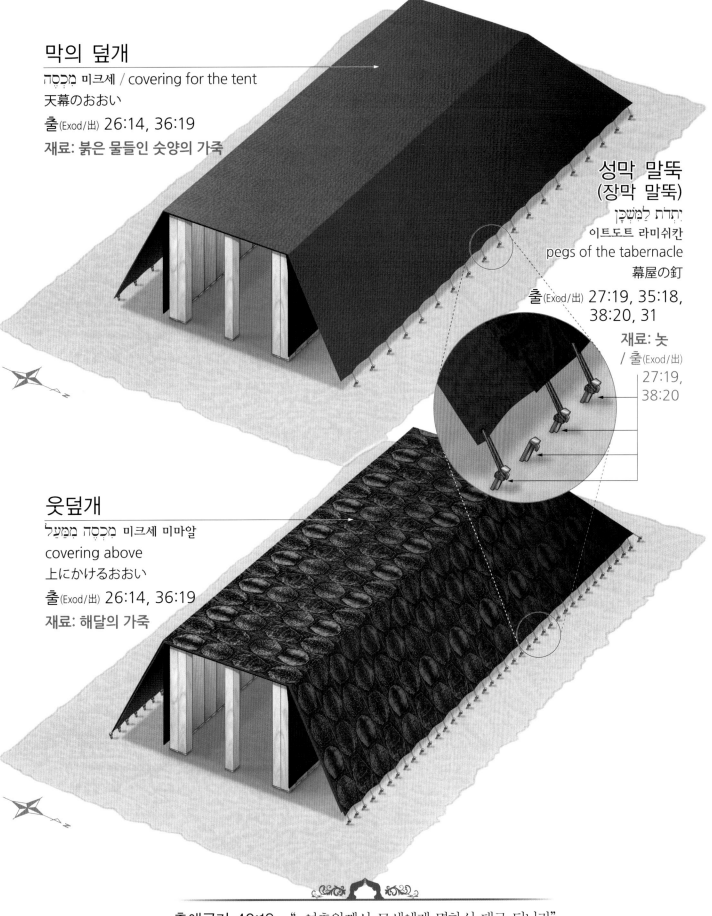

막의 덮개
מִכְסֶה 미크세 / covering for the tent
天幕のおおい
출(Exod/出) 26:14, 36:19
재료: 붉은 물들인 숫양의 가죽

성막 말뚝
(장막 말뚝)
יְתֵדֹת לַמִּשְׁכָּן
이트도트 라미쉬칸
pegs of the tabernacle
幕屋の釘
출(Exod/出) 27:19, 35:18,
38:20, 31
재료: 놋
/ 출(Exod/出)
27:19,
38:20

웃덮개
מִכְסֶה מִמַּעַל 미크세 미마알
covering above
上にかけるおおい
출(Exod/出) 26:14, 36:19
재료: 해달의 가죽

출애굽기 40:19 "...여호와께서 모세에게 명하신 대로 되니라"
כַּאֲשֶׁר צִוָּה יְהוָה אֶת־מֹשֶׁה 카아쉐르 치바 예호바 에트 모쉐
"...just as the LORD had commanded Moses" (Exod 40:19).
『主がモーセに命じられたとおりである。』(出40:19)

7 증거궤 준비

PREPARATION OF THE ARK OF THE TESTIMONY / עָשָׂה אֲרוֹן הָעֵדֻת 아사 아론 하에두트
あかしの箱の準備

"그가 또 증거판을 궤 속에 넣고..." (출 40:20)

וַיִּקַּח וַיִּתֵּן אֶת־הָעֵדֻת אֶל־הָאָרֹן 바이카흐 바이텐 에트 하에두트 엘 하아론
"Then he took the testimony and put it into the ark" (Exod 40:20).
あかしの板をとって箱に納め (出 40:20)

〈앞판의 모습〉 〈뒷판의 모습〉
front side of the tablet back side of the tablet
石板 (表面) 石板 (裏面)

언약의 두 돌판(증거판)

שְׁנֵי לֻחֹת הָעֵדֻת 셰네 루호트 하에두트
two stone tablets of the covenant (the testimony)
二枚の契約の石板(あかしの板)

출(Exod/出) 25:16, 21, 32:15, 34:28-29, 40:20,
신(Deut/申) 10:1-5, 히(Heb/ヘブ) 9:4

증거판을 넣어 둘 궤

אֲרוֹן הָעֵדֻת 아론 하에두트 / ark that is to house the testimony
あかしの板を納める箱

출(Exod/出) 25:10-11, 16, 21, 신(Deut/申) 10:1-5

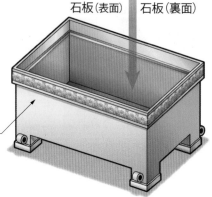

"...채를 궤에 꿰고..." (출 40:20)

וַיָּשֶׂם אֶת־הַבַּדִּים עַל־הָאָרֹן 바야셈 에트 하바딤 알 하아론
attached the poles to the ark (Exod 40:20)
さおを箱につけ (出 40:20)

궤를 메기 위한 채

בַּדִּים לָשֵׂאת אֶת־הָאָרֹן 바딤 라셰트 에트 하아론
poles for carrying the ark
箱を担ぐためのさお

출(Exod/出) 25:13-15, 37:4-5, 민(Num/民) 4:5-6

네 발에 달린 금고리 넷

אַרְבַּע טַבְּעֹת זָהָב עַל אַרְבַּע פַּעֲמֹים 아르바 타브오트 자하브 알 아르바 페아밈
four gold rings fastened on the four feet
四すみに取り付けられた四つの金の環 / 출(Exod/出) 25:12, 37:3

"...속죄소를 궤 위에 두고" (출 40:20)

וַיִּתֵּן אֶת־הַכַּפֹּרֶת עַל־הָאָרֹן מִלְמָעְלָה
바이텐 에트 하카포레트 알 하아론 밀마엘라
put the mercy seat on top of the ark (Exod 40:20)
贖罪所を箱の上に置き (出 40:20)

궤 위에 얹을 속죄소(시은좌)

הַכַּפֹּרֶת עַל־הָאָרֹן 하카포레트 알 하아론
mercy seat to be put on
top of the ark
箱の上に置く贖罪所

출(Exod/出) 25:17, 21, 26:34, 37:6

두 그룹

שְׁנַיִם כְּרֻבִים
셰나임 케루빔
two cherubim
二つのケルビム

출(Exod/出)
25:18-20,
37:7-9

8 궤를 성막에 들여놓고
BROUGHT THE ARK INTO THE TABERNACLE
וַיָּבֵא אֶת־הָאָרֹן אֶל־הַמִּשְׁכָּן 바야베 에트 하아론 엘 하미쉬칸
箱を幕屋に携え入れる

"또 그 궤를 성막에 들여놓고…" (출/Exod/出 40:21)

9 휘장을 늘어뜨려
SET UP A VEIL FOR THE SCREEN
וַיָּשֶׂם אֶת פָּרֹכֶת 바야셈 에트 파로케트
隔ての垂幕をかける

"…장을 드리워서 그 증거궤를 가리우니…" (출/Exod/出 40:21)

지성소 안에서 바라본 모습
view from the inside of the holy of holies
至聖所の内から見た形

금갈고리 / וָוֵי זָהָב 바베 자하브
gold hooks / 金の鉤
출 (Exod/出) 26:32-33, 36:36

증거궤 / אֲרֹן הָעֵדֻת 아론 하에두트
the ark of the testimony / あかしの箱
출 (Exod/出) 25:10-22, 31:7, 35:12,
37:1-9, 39:35, 40:3, 20-21

지성소 입구의 휘장
פָּרֹכֶת לְפֶתַח קֹדֶשׁ הַקֳּדָשִׁים 파로케트 레페타흐 코데쉬 하카다쉼
veil at the entrance to the holy of holies
至聖所の入口の垂幕
출 (Exod/出) 26:31, 33, 36:35, 40:3, 21

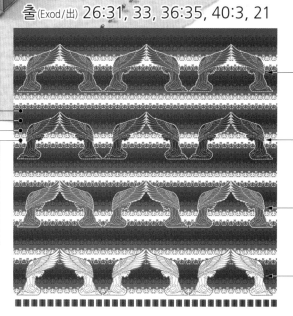

청색실
תְּכֵלֶת 테켈레트
blue material / 青糸

자색실
אַרְגָּמָן 아르가만
purple material / 紫糸

홍색실
תּוֹלַעַת שָׁנִי 톨라아트 샤니
scarlet material / 緋糸

가늘게 꼰 베실
שֵׁשׁ מָשְׁזָר 셰쉬 마쉬자르
fine twisted linen
亜麻の撚糸

그룹들을 공교히 수놓음
made with skillfully embroidered cherubim
巧みに織り出されたケルビム

출애굽기 40:21   "…여호와께서 모세에게 명하신 대로 되니라"
כַּאֲשֶׁר צִוָּה יְהוָה אֶת־מֹשֶׁה 카아쉐르 치바 예호바 에트 모쉐
"just as the LORD had commanded Moses" (Exod 40:21).
『主がモーセに命じられたとおりである。』(出40:21)

10 상을 놓고
PLACED THE TABLE
וַיִּתֵּן אֶת־הַשֻּׁלְחָן　바이텐 에트 하슐한
机をすえる

11 상 위에 떡을 진설하니
SET THE ARRANGEMENT OF BREAD IN ORDER ON IT
וַיַּעֲרֹךְ עָלָיו עֵרֶךְ לֶחֶם　바야아로크 알라이브 에레크 레헴
机の上にパンを列に並べる

"...회막 안 곧 성막 북편으로
장 밖에 상을 놓고"(출/Exod/出 40:22)

"...여호와 앞 그 상 위에 떡을 진설하니..."
(출/Exod/出 40:23)

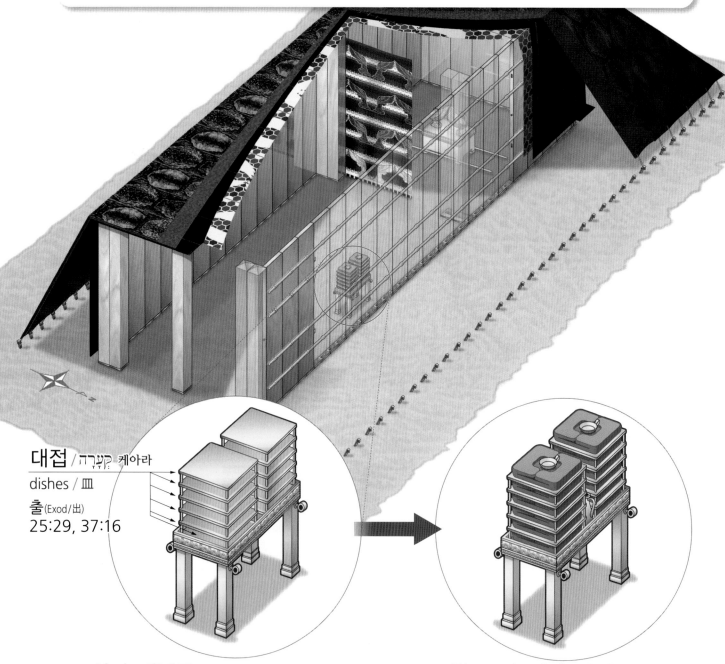

대접 / קְעָרָה 케아라
dishes / 皿
출(Exod/出)
25:29, 37:16

상과 대접들 / שֻׁלְחָן וּקְעָרֹת 슐한 비크아로트
table and the dishes / 机と皿
출(Exod/出) 25:23-30, 37:10-16

한 줄에 여섯 개씩 두 줄
שְׁתַּיִם מַעֲרָכוֹת שֵׁשׁ הַמַּעֲרָכֶת
셰타임 마아라코트 셰쉬 하마아라케트
set them in two piles, six in a pile (ESV)
ひと重ね六個ずつ、ふた重ねにして置く
출(Exod/出) 25:30, 레(Lev/レビ) 24:5-9

출애굽기 40:23 　"...여호와께서 모세에게 명하신 대로 되니라"
כַּאֲשֶׁר צִוָּה יְהוָה אֶת־מֹשֶׁה　카아쉐르 치바 예호바 에트 모쉐
"...just as the LORD had commanded Moses" (Exod 40:23).
『主がモーセに命じられたとおりである。』(出40:23)

12 등대를 놓아
PLACED THE LAMPSTAND
וַיָּשֶׂם אֶת־הַמְּנֹרָה 바야셈 에트 하메노라
燭台をすえる

13 등잔에 불을 켜니
LIGHTED THE LAMPS
וַיַּעַל הַנֵּרֹת 바야알 하네로트
ともしびをともす

"...회막 안 곧 성막 남편에 등대를 놓아 상과 대하게 하고"(출/Exod/出 40:24)

"...여호와 앞에 등잔에 불을 켜니..."
(출/Exod/出 40:25)

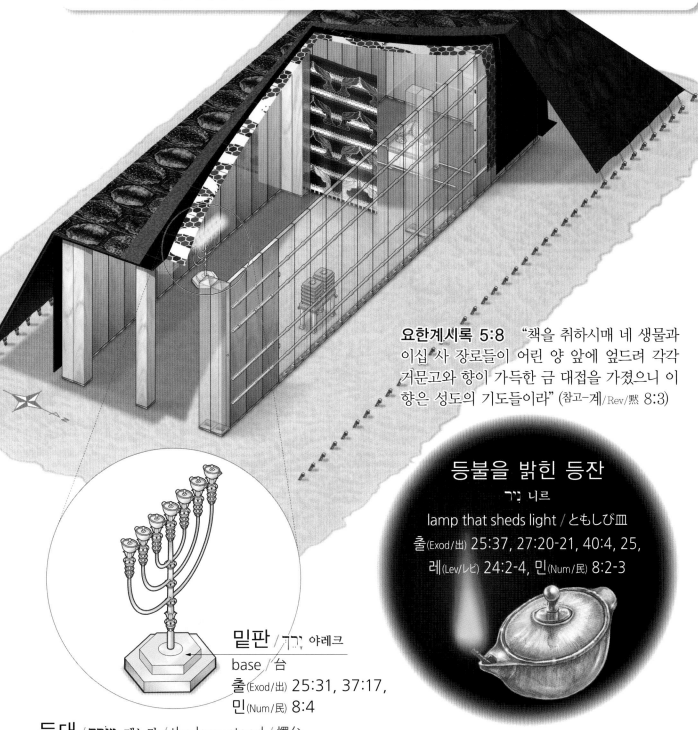

요한계시록 5:8 "책을 취하시매 네 생물과 이십 사 장로들이 어린 양 앞에 엎드려 각각 거문고와 향이 가득한 금 대접을 가졌으니 이 향은 성도의 기도들이라"(참고-계/Rev/黙 8:3)

등불을 밝힌 등잔
נֵר 니르
lamp that sheds light / ともしび皿
출(Exod/出) 25:37, 27:20-21, 40:4, 25, 레(Lev/レビ) 24:2-4, 민(Num/民) 8:2-3

밑판 / יָרֵךְ 야레크
base / 台
출(Exod/出) 25:31, 37:17, 민(Num/民) 8:4

등대 / מְנֹרָה 메노라 / the lampstand / 燭台
출(Exod/出) 25:31-40, 37:17-24, 민(Num/民) 8:1-4

출애굽기 40:25 "...여호와께서 모세에게 명하신 대로 되니라"
כַּאֲשֶׁר צִוָּה יְהוָה אֶת־מֹשֶׁה 카아쉐르 치바 예호바 에트 모쉐
"...just as the LORD had commanded Moses" (Exod 40:25).
『主がモーセに命じられたとおりである。』(出40:25)

14 금향단을 휘장 앞에 두고
PLACED THE GOLD ALTAR IN THE TENT OF MEETING IN FRONT OF THE VEIL

וַיָּשֶׂם אֶת־מִזְבַּח הַזָּהָב לִפְנֵי הַפָּרֹכֶת
바야셈 미즈바흐 하자하브 리프네 하파로케트

垂幕の前に金の祭壇をすえる

"...금향단을 회막 안 장 앞에 두고"
(출/Exod/出 40:26)

15 향기로운 향을 사르니
BURNED FRAGRANT INCENSE ON IT

וַיַּקְטֵר קְטֹרֶת סַמִּים 바야크테르 케토레트 삼밈

香ばしい薫香をたく

"그 위에 향기로운 향을 사르니..."
(출/Exod/出 40:27)

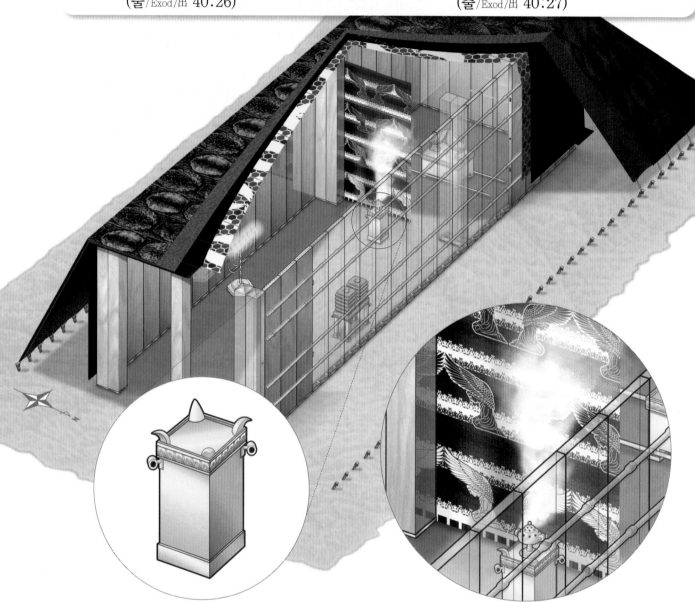

금향단(분향단)
מִזְבַּח הַזָּהָב לִקְטֹרֶת (מִזְבַּח הַקְּטֹרֶת)
미즈바흐 하자하브 리크토레트(미즈바흐 하케토레트)
gold altar of incense (altar of incense)
金の祭壇(香をたく祭壇)
출(Exod/出) 30:1-10, 37:25-29, 40:5, 26

향연을 피운 금향단
מִזְבַּח הַזָּהָב לִקְטֹרֶת הַסַּמִּים
미즈바흐 하자하브 리크토레트 하삼밈
gold altar of incense on which fragrant incense is burned
薫香をたいた金の祭壇
출(Exod/出) 30:7-8, 37:29

출애굽기 40:27 "...여호와께서 모세에게 명하신 대로 되니라"
כַּאֲשֶׁר צִוָּה יְהוָה אֶת־מֹשֶׁה 카아쉐르 치바 예호바 에트 모쉐
"...just as the LORD had commanded Moses" (Exod 40:27).
『主がモーセに命じられたとおりである。』(出40:27)

16 성막 문에 장을 달고

HUNG UP THE SCREEN AT THE DOOR OF THE TABERNACLE

וַיָּשֶׂם אֶת־מָסַךְ הַפֶּתַח לַמִּשְׁכָּן 바야셈 에트 마사크 하페타흐 라미쉬칸 / 幕屋の入口にとばりをかける

"...성막 문에 장을 달고" (출/Exod/出 40:28)

성소 안에서 바라본 모습
view from inside the holy place
聖所の内から見た形

가름대
חָשֻׁק 하슈크
band (fillet) / 桁(けた)
출(Exod/出) 36:38

성소 입구의 휘장
מָסָךְ לְפֶתַח הָאֹהֶל 마사크 레페타흐 하오헬
screen for the doorway of the tent
聖所の入口のとばり
출(Exod/出) 26:36, 36:37

금갈고리
וָוֵי זָהָב 바베 자하브
gold hooks / 金の鉤(かぎ)
출(Exod/出) 26:37, 36:38

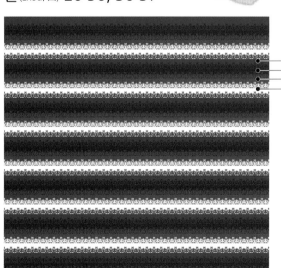

청색실
תְּכֵלֶת 테켈레트
blue material / 青糸

자색실
אַרְגָּמָן 아르가만
purple material / 紫糸

홍색실
תּוֹלַעַת שָׁנִי 톨라아트 샤니
scarlet material / 緋糸

가늘게 꼰 베실
שֵׁשׁ מָשְׁזָר 셰쉬 마쉬자르
fine twisted linen / 亜麻の撚糸(より)

17 번제단을 두고
SET THE ALTAR OF BURNT OFFERING
וְאֶת מִזְבַּח הָעֹלָה שָׂם
베에트 미즈바흐 하올라 삼
燔祭の祭壇をすえる

18 번제와 소제를 그 위에 드리니
OFFERED ON IT THE BURNT OFFERING AND THE MEAL OFFERING
וַיַּעַל עָלָיו אֶת־הָעֹלָה וְאֶת־הַמִּנְחָה
바야알 알라이브 에트 하올라 베에트 하민하
燔祭と素祭をささげる

"...회막의 성막 문 앞에 번제단을 두고..." (출/Exod/出 40:29)

"...번제와 소제를 그 위에 드리니..." (출/Exod/出 40:29)

토단
מִזְבַּח אֲדָמָה
미즈바흐 아다마
altar of earth
土の祭壇
출(Exod/出) 20:24

토단 위에 올려진 번제단
מִזְבַּח הָעֹלָה עַל מִזְבַּח אֲדָמָה 미즈바흐 하올라 알 미즈바흐 아다마
altar of burnt offering on the altar of earth
土の祭壇の上に置かれた燔祭の祭壇
출(Exod/出) 20:24-26

번제물을 불사름
קְטֹרֶת אֶת הָעֹלָה 코테레트 에트 하올라
burnt offerings offered up in smoke
燔祭の物を焼く
참고-레(Lev/レビ) 1:1-17

재를 담는 통
סִיר הַדָּשֵׁן 시르 하다쉔
pail for removing the ashes
灰を取るつぼ
출(Exod/出) 27:3, 레(Lev/レビ) 1:16, 6:10-11,
참고-레(Lev/レビ) 4:11-12, 21

레위기 6:9, 12-13
"아론과 그 자손에게 명하여 이르라 번제의 규례는 이러하니라 번제물은 단 윗 석쇠 위에 아침까지 두고 단의 불로 그 위에서 꺼지지 않게 할 것이요 12 단 위에 불은 항상 피워 꺼지지 않게 할지니 제사장은 아침마다 나무를 그 위에 태우고 번제물을 그 위에 벌여 놓고 화목제의 기름을 그 위에 사를지며 13 불은 끊이지 않고 단 위에 피워 꺼지지 않게 할지니라"

출애굽기 40:29 "...여호와께서 모세에게 명하신 대로 되니라"
כַּאֲשֶׁר צִוָּה יְהוָה אֶת־מֹשֶׁה 카아쉐르 치바 예호바 에트 모쉐
"...just as the LORD had commanded Moses" (Exod 40:29).
『主がモーセに命じられたとおりである。』(出40:29)

19 물두멍을 두고
PLACED THE LAVER
וַיָּשֶׂם אֶת־הַכִּיֹּר 바야셈 에트 하키요르
洗盤を置く

20 씻을 물을 담고
PUT WATER IN IT FOR WASHING
וַיִּתֵּן שָׁמָּה מַיִם לְרָחְצָה 바이텐 샴마 마임 레라흐차
洗うための水を入れる

"...물두멍을 회막과 단 사이에 두고..."(출/Exod/出 40:30)

"...씻을 물을 담고 31 자기와 아론과 그 아들들이 거기서 수족을 씻되 32 그들이 회막에 들어갈 때와 단에 가까이 갈 때에 씻었으니..."(출/Exod/出 40:30-32)

받침/קֵן 켄
base / 台
출(Exod/出) 30:18, 38:8

출애굽기 30:19-21

"아론과 그 아들들이 그 두멍에서 수족을 씻되 20 그들이 회막에 들어갈 때에 물로 씻어 죽기를 면할 것이요 단에 가까이 가서 그 직분을 행하여 화제를 여호와 앞에 사를 때에도 그리 할지니라 21 이와 같이 그들이 그 수족을 씻어 죽기를 면할지니 이는 그와 그 자손이 대대로 영원히 지킬 규례니라"

씻을 물을 담은 물두멍
הַכִּיֹּר נָתַן־מַיִם לְרָחְצָה 하키요르 네탄 마임 레로흐차
laver that contains water for washing
洗うための水を入れた洗盤
출(Exod/出) 30:18, 40:7

출애굽기 40:32   "...여호와께서 모세에게 명하신 대로 되니라"
כַּאֲשֶׁר צִוָּה יְהוָה אֶת־מֹשֶׁה 카아쉐르 치바 예호바 에트 모쉐
"...just as the LORD had commanded Moses" (Exod 40:32).
『主がモーセに命じられたとおりである。』(出40:32)

21 포장을 치고

ERECTED THE COURT / וַיָּקֶם אֶת־הֶחָצֵר 바야켐 에트 헤하체르 / 庭を設ける

"...성막과 단 사면 뜰에 포장을 치고..."(출/Exod/出 40:33)

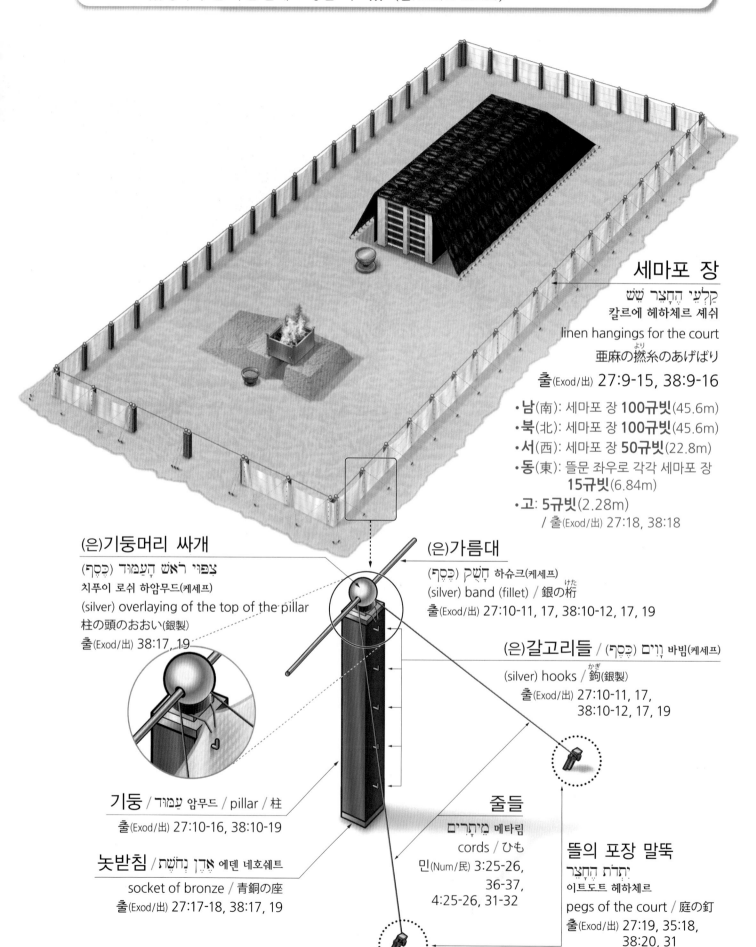

세마포 장

קַלְעֵי הֶחָצֵר שֵׁשׁ
칼르에 헤하체르 셰쉬
linen hangings for the court
亜麻の撚糸のあげばり

출(Exod/出) 27:9-15, 38:9-16

- 남(南): 세마포 장 **100규빗**(45.6m)
- 북(北): 세마포 장 **100규빗**(45.6m)
- 서(西): 세마포 장 **50규빗**(22.8m)
- 동(東): 뜰문 좌우로 각각 세마포 장 **15규빗**(6.84m)
- 고: **5규빗**(2.28m)
  / 출(Exod/出) 27:18, 38:18

(은)기둥머리 싸개

(כֶּסֶף) צִפּוּי רֹאשׁ הָעַמּוּד
치푸이 로쉬 하암무드(케세프)
(silver) overlaying of the top of the pillar
柱の頭のおおい(銀製)

출(Exod/出) 38:17, 19

(은)가름대

(כֶּסֶף) חָשֻׁק 하슈크(케세프)
(silver) band (fillet) / 銀の桁
출(Exod/出) 27:10-11, 17, 38:10-12, 17, 19

(은)갈고리들 / (כֶּסֶף) וָוִים 바빔(케세프)

(silver) hooks / 鉤(銀製)
출(Exod/出) 27:10-11, 17,
38:10-12, 17, 19

기둥 / עַמּוּד 암무드 / pillar / 柱

출(Exod/出) 27:10-16, 38:10-19

줄들

מֵיתָרִים 메타림
cords / ひも
민(Num/民) 3:25-26,
36-37,
4:25-26, 31-32

놋받침 / אֶדֶן נְחֹשֶׁת 에덴 네호쉐트

socket of bronze / 青銅の座
출(Exod/出) 27:17-18, 38:17, 19

뜰의 포장 말뚝

יִתְדֹת הֶחָצֵר
이트도트 헤하체르
pegs of the court / 庭の釘
출(Exod/出) 27:19, 35:18,
38:20, 31

22 뜰 문의 장을 다니라
HUNG UP THE SCREEN OF THE COURT GATE
וַיִּתֵּן אֶת־מָסַךְ שַׁעַר הֶחָצֵר 바이텐 에트 마사크 샤아르 헤하체르 / 庭の門にとばりをかける

"...뜰 문의 장을 다니라..." (출/Exod/出 40:33)

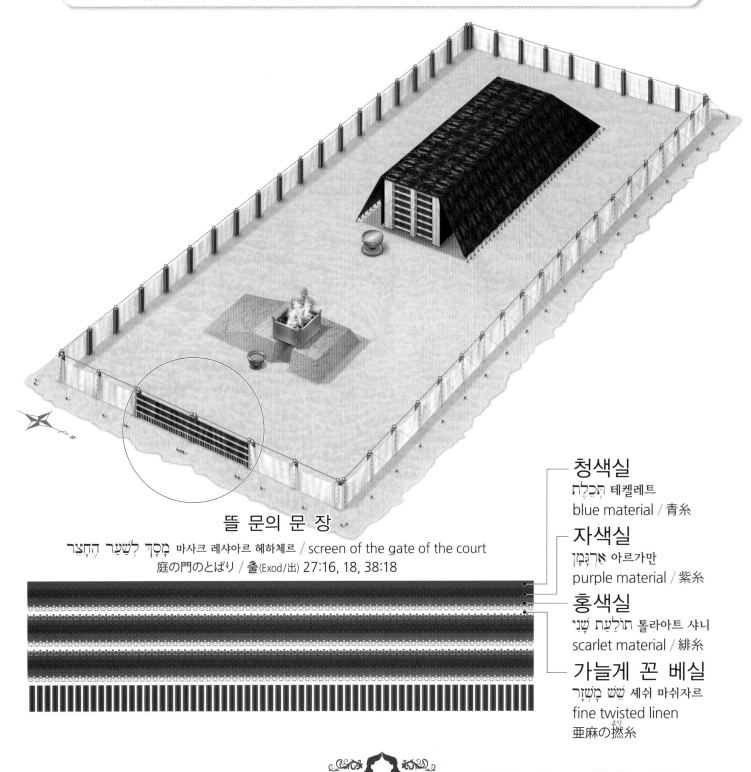

뜰 문의 문 장

מָסַךְ לְשַׁעַר הֶחָצֵר 마사크 레샤아르 헤하체르 / screen of the gate of the court
庭の門のとばり / 출(Exod/出) 27:16, 18, 38:18

청색실
תְּכֵלֶת 테켈레트
blue material / 青糸

자색실
אַרְגָּמָן 아르가만
purple material / 紫糸

홍색실
תּוֹלַעַת שָׁנִי 톨라아트 샤니
scarlet material / 緋糸

가늘게 꼰 베실
שֵׁשׁ מָשְׁזָר 셰쉬 마쉬자르
fine twisted linen
亜麻の撚糸

출애굽기 40:33-38 "모세가 이같이 역사를 필하였더라 34 그 후에 구름이 회막에 덮이고 여호와의 영광이 성막에 충만하매 35 모세가 회막에 들어갈 수 없었으니 이는 구름이 회막 위에 덮이고 여호와의 영광이 성막에 충만함이었으며 36 구름이 성막 위에서 떠오를 때에는 이스라엘 자손이 그 모든 행하는 길에 앞으로 발행하였고 37 구름이 떠오르지 않을 때에는 떠오르는 날까지 발행하지 아니하였으며 38 낮에는 여호와의 구름이 성막 위에 있고 밤에는 불이 그 구름 가운데 있음을 이스라엘의 온 족속이 그 모든 행하는 길에서 친히 보았더라" (참고-민 9:15-23, 10:33-34)

성막 완성 이후
광야 노정에서 성막의 이동

THE MIGRATION OF THE TABERNACLE IN THE WILDERNESS AFTER ITS CONSTRUCTION WAS COMPLETED

幕屋完成後の荒野における幕屋の移動

민(Num/民) 33:16-49,

참고-민(Num/民) 4:1-49, 7:6-9, 9:15-23

40년 광야 노정 동안 42회 진친 장소
מקומות של מחנות שכנו 42 פעמים במשך 40 שנים במסע מדבר
42 Camp Sites during the 40-year Wilderness Journey
40年の荒野の旅路で宿営した42の場所

1. 숙곳 / סֻכֹּת / Succoth / スコテ (출 12:37, 민 33:5)
2. 에담 / אֵתָם / Etham / エタム (출 13:20, 민 33:6)
3. 믹돌 앞 / לִפְנֵי מִגְדֹּל / Before Migdol / ミグドルの前 (출 14:2, 9, 민 33:7)
4. 마라 / מָרָה / Marah / メラ (출 15:23, 민 33:8)
5. 엘림 / אֵילִם / Elim / エリム (출 15:27, 민 33:9)
6. 홍해 가 / עַל יַם סוּף / By the Red Sea / 紅海のほとり (민 33:10)
7. 신 광야 / מִדְבַּר סִין / Wilderness of Sin / シンの荒野 (출 16:1, 민 33:11)
8. 돕가 / דָּפְקָה / Dophkah / ドフカ (민 33:13)
9. 알루스 / אָלוּשׁ / Alush / アルシ (민 33:13)
10. 르비딤 / רְפִידִים / Rephidim / レピデム (출 17:1, 19:2, 민 33:14)
11. 시내 광야 / מִדְבַּר סִינַי / Wilderness of Sinai / シナイの荒野 (출 19:1-2, 민 33:15)
12. 기브롯 핫다아와 / קִבְרוֹת הַתַּאֲוָה / Kibroth-hattaavah / キブロテ・ハッタワ (민 11:34, 33:16)
13. 하세롯 / חֲצֵרוֹת / Hazeroth / ハゼロテ (민 11:35, 33:17)
14. 릿마 / רִתְמָה / Rithmah / リテマ (민 33:18, 참고-민 13:26, 신 1:19)
15. 림몬 베레스 / רִמֹּן פָּרֶץ / Rimmon-perez / リンモン・パレツ (민 33:19)
16. 립나 / לִבְנָה / Libnah / リブナ (민 33:20)
17. 릿사 / רִסָּה / Rissah / リッサ (민 33:21)
18. 그헬라다 / קְהֵלָתָה / Kehelathah / ケヘラタ (민 33:22)
19. 세벨산 / הַר שָׁפֶר / Mt. Shepher / シャペル山 (민 33:23)
20. 하라다 / חֲרָדָה / Haradah / ハラダ (민 33:24)
21. 막헬롯 / מַקְהֵלֹת / Makheloth / マケロテ (민 33:25)
22. 다핫 / תָּחַת / Tahath / タハテ (민 33:26)
23. 데라 / תֶּרַח / Terah / テラ (민 33:27)
24. 밋가 / מִתְקָה / Mithkah / ミテカ (민 33:28)
25. 하스모나 / חַשְׁמֹנָה / Hashmonah / ハシモナ (민 33:29)
26. 모세롯 / מֹסֵרוֹת / Moseroth / モセラ (민 33:30)
27. 브네 야아간 / בְּנֵי יַעֲקָן / Bene-jaakan / ベネヤカン (민 33:31, 신 10:6)
28. 홀 하깃갓 / חֹר הַגִּדְגָּד / Hor-haggidgad / ホル・ハギデガデ (민 33:32, 신 10:7)
29. 욧바다 / יָטְבָתָה / Jotbathah / ヨテバタ (민 33:33, 신 10:7)
30. 아브로나 / עַבְרֹנָה / Abronah / アブロナ (민 33:34)
31. 에시온 게벨 / עֶצְיוֹן גֶּבֶר / Ezion-geber / エジオン・ゲベル (민 33:35)
32. 가데스 바네아 / קָדֵשׁ בַּרְנֵעַ / Kadesh-barnea / カデシ・バルネア (민 20:1-13, 33:36)
33. 호르산 / הֹר הָהָר / Mt. Hor / ホル山 (민 20:22, 33:37)
34. 살모나 / צַלְמֹנָה / Zalmonah / ザルモナ (민 33:41)
35. 부논 / פּוּנֹן / Punon / プノン (민 33:42)
36. 오봇 / אֹבֹת / Oboth / オボテ (민 21:10, 33:43)
37. 이예 아바림 / עִיֵּי הָעֲבָרִים / Iye-abarim / イエ・アバリム (민 21:11, 33:44)
38. 디본 갓 / דִּיבֹן גָּד / Dibon-gad / デボン・ガド (민 33:45)
39. 알몬 디블라다임 / עַלְמֹן דִּבְלָתָיְמָה / Almon-diblathaim / アルモン・デブラタイム (민 33:46)
40. 아바림산 / הַר הָעֲבָרִים / Mountains of Abarim / アバリムの山 (민 27:12, 33:47)
41. 모압 평지 / עַרְבֹת מוֹאָב / Plains of Moab / モアブの平野 (민 22:1, 33:48-49)
42. 길갈 / גִּלְגָּל / Gilgal / ギルガル (수 4:19)

주전 1446년 1월 15일 목요일
출애굽 / 출 12:37, 민 33:3
"그들이 정월 십오일에 라암셋에서 발행하였으니 곧 유월절 다음날이라 이스라엘 자손이 애굽 모든 사람의 목전에서 큰 권능으로 나왔으니"(민 33:3)

15 יָמִים לַחֹדֶשׁ נִיסָן בְּשְׁנַת 1446 לִפְנֵי יְצִיאַת מִצְרָיִם

1446 BC, 1st month, 15th day (Thurs) Exodus / Exod 12:37, Num 33:3
"And they journeyed from Rameses in the first month, on the fifteenth day of the first month; on the next day after Passover the sons of Israel started out boldly in the sight of the Egyptians" (Num 33:3).

BC 1446年 1月15日(木) 出エジプト / 出 12:37, 民 33:3
彼らは正月の十五日にラメセスを出立した。すなわち過越の翌日イスラエルの人々は、すべてのエジプトびとの目の前を意気揚々と出立した。(民 33:3)

고센 / גֹּשֶׁן / Goshen / ゴセン

라암셋 / רַעְמְסֵס / Rameses / ラメセス (출 12:37, 민 33:3)

BC 1446年
1/16 금/Fri./金
① 숙곳 / סֻכֹּת / Succoth / スコテ

수르(술)로 가는 길 / Way to Shur

1/18 일/Sun/日 ②
비터호수 / Bitter Lake / ビター湖
에담 / אֵתָם / Etham / エタム

수르(에담) 광 / מִדְבַּר שׁוּר (אֵתָם) / Wilderness of Sh (Etham) / シュル(エタム)の荒 / 출 15:22, 민 33

바알스본 / Baal-zephon / バアルゼポン

온(헬리오폴리스) / אֹן / On (Heliopolis) / オン(ヘリオポリス)

1/20 화/Tues/火
믹돌 앞 / לִפְנֵי מִגְדֹּל / Before Migdol / ミグドルの前 ③

비하히롯 / Pi-hahiroth / ピハヒロテ

340km

애굽 / EGYPT / エジプト

1/24 토/Sat/土
마라 / מָרָה / Marah / メラ ④

2/2 일/Sun/日 ⑤
엘림 / אֵילִם / Elim / エリム

⑥

2/13 목/Thurs
홍해 가 / עַל יַם סוּף / By the Red S / 紅海のほとり

수에즈 / Gulf of / スエ

주전 1445년(출애굽 2년) 1월 1일 화요일
첫 성막을 세움
출 40:2, 17, 참고-출 25:1-31:11

הֲקָמַת אֹהֶל מוֹעֵד בְּיוֹם הָרִאשׁוֹן בַּחֹדֶשׁ הָרִאשׁוֹן בִּשְׁנַת 1445 לִפְנֵי (שָׁנָה הַשְּׁנִיָּה מִיצִיאַת מִצְרָיִם)

1445 BC, 1st month, 1st day (Tues) - Tabernacle completed (2nd year of the Exodus) / Exod 40:2, 17, Ref Exod 25:1-31:11

BC 1445年、1月1日(火)、(出エジプト2年) 幕屋の完成
出 40:2, 17、参考-出 25:1-31:11

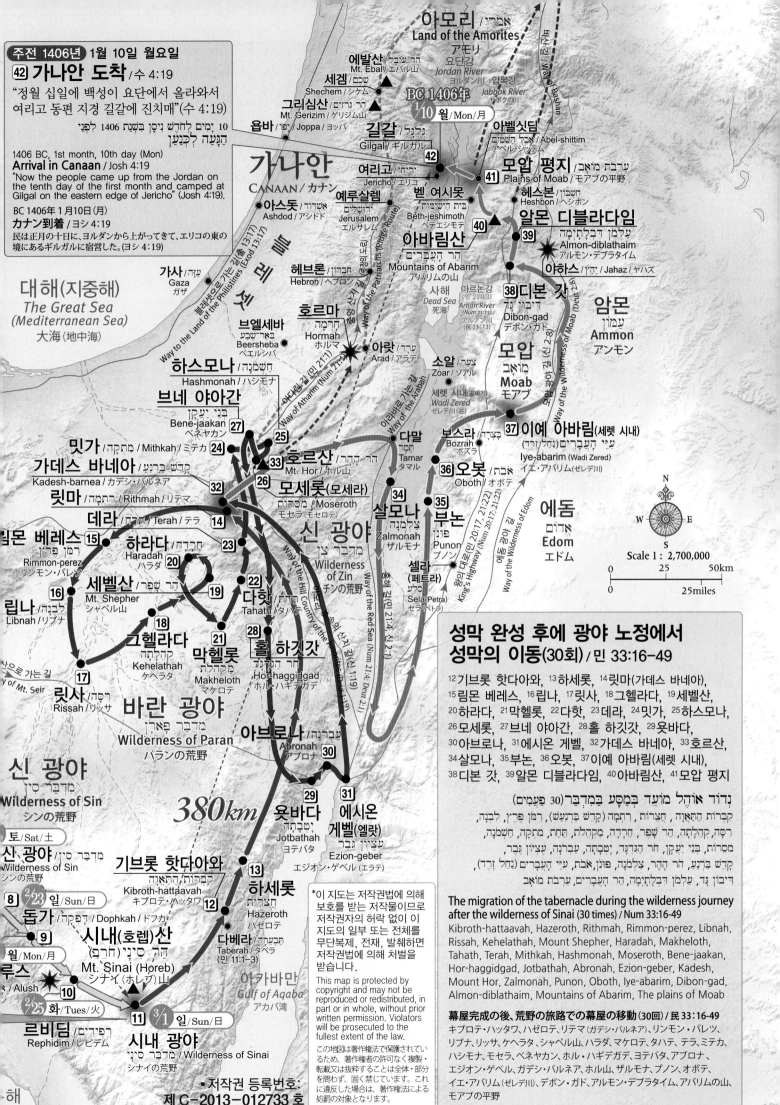

주전 1406년 1월 10일 월요일
42 가나안 도착 / 수 4:19
"정월 십일에 백성이 요단에서 올라와서
여리고 동편 지경 길갈에 진치매"(수 4:19)

1406 BC, 1st month, 10th day (Mon)
Arrival in Canaan / Josh 4:19
"Now the people came up from the Jordan on
the tenth day of the first month and camped at
Gilgal on the eastern edge of Jericho" (Josh 4:19).

BC 1406年 1月10日(月)
カナン到着 / ヨシ 4:19
民は正月の十日に、ヨルダンから上がってきて、エリコの東の
境にあるギルガルに宿営した。(ヨシ 4:19)

아모리 / Land of the Amorites

가나안 / CANAAN / カナン

대해(지중해) / The Great Sea (Mediterranean Sea) / 大海(地中海)

신 광야 / Wilderness of Sin / シンの荒野

바란 광야 / Wilderness of Paran / パランの荒野

380km

에돔 / Edom / エドム

암몬 / Ammon / アンモン

모압 / Moab / モアブ

아카바만 / Gulf of Aqaba / アカバ湾

N W E S
Scale 1 : 2,700,000
0 25 50km
0 25miles

성막 완성 후에 광야 노정에서 성막의 이동(30회) / 민 33:16-49

12기브롯 핫다아와, 13하세롯, 14릿마(가데스 바네아),
15림몬 베레스, 16립나, 17릿사, 18그헬라다, 19세벨산,
20하라다, 21막헬롯, 22다핫, 23데라, 24밋가, 25하스모나,
26모세롯, 27브네 야아간, 28홀 하깃갓, 29욧바다,
30아브로나, 31에시온 게벨, 32가데스 바네아, 33호르산,
34살모나, 35부논, 36오봇, 37이예 아바림(세렛 시내),
38디본 갓, 39알몬 디블라다임, 40아바림산, 41모압 평지

The migration of the tabernacle during the wilderness journey
after the wilderness of Sinai (30 times) / Num 33:16-49
Kibroth-hattaavah, Hazeroth, Rithmah, Rimmon-perez, Libnah,
Rissah, Kehelathah, Mount Shepher, Haradah, Makheloth,
Tahath, Terah, Mithkah, Hashmonah, Moseroth, Bene-jaakan,
Hor-haggidgad, Jotbathah, Abronah, Ezion-geber, Kadesh,
Mount Hor, Zalmonah, Punon, Oboth, Iye-abarim, Dibon-gad,
Almon-diblathaim, Mountains of Abarim, The plains of Moab

幕屋完成の後、荒野の旅路での幕屋の移動(30回) / 民 33:16-49
キブロテ・ハッタワ、ハゼロテ、リテマ(ガデシ・バルネア)、
リンモン・パレツ、リブナ、リッサ、ケヘラタ、シャペル山、ハラダ、マケロテ、タハテ、テラ、ミテカ、
ハシモナ、モセラ、ベネヤカン、ホル・ハギデガデ、ヨテバタ、アブロナ、
エジオン・ゲベル、ガデシ・バルネア、ホル山、ザルモナ、プノン、オボテ、
イエ・アバリム(ゼレテ川)、デボン・ガド、アルモン・デブラタイム、アバリムの山、
モアブの平野

번제단의 포장
THE COVERINGS FOR THE ALTAR OF BURNT OFFERING
מִזְבַּח הָעֹלָה 미즈바흐 하올라 / 燔祭の祭壇のおおい
민(Num/民) 4:13-14

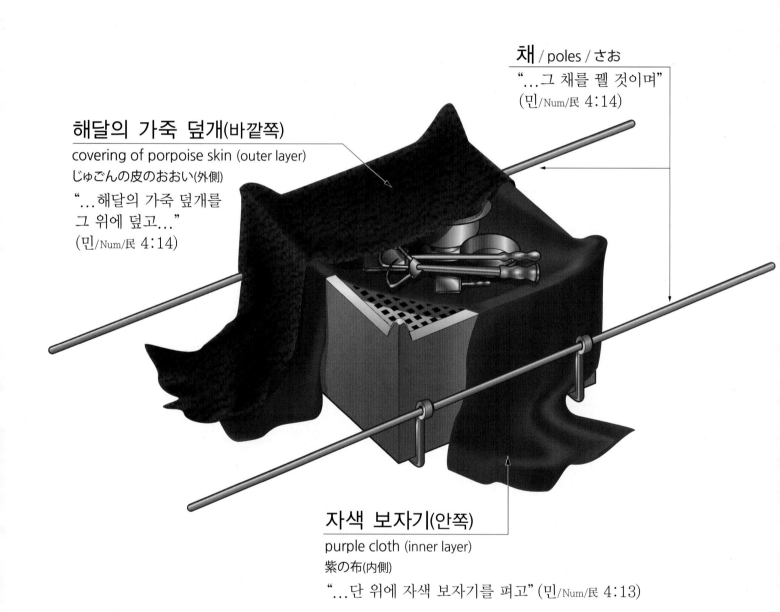

채 / poles / さお
"...그 채를 꿸 것이며"
(민/Num/民 4:14)

해달의 가죽 덮개(바깥쪽)
covering of porpoise skin (outer layer)
じゅごんの皮のおおい(外側)
"...해달의 가죽 덮개를
그 위에 덮고..."
(민/Num/民 4:14)

자색 보자기(안쪽)
purple cloth (inner layer)
紫の布(内側)
"...단 위에 자색 보자기를 펴고" (민/Num/民 4:13)

민수기 4:13-14 "또 단의 재를 버리고 그 단 위에 자색 보자기를 펴고 14 봉사하는데 쓰는 모든 기구 곧 불 옮기는 그릇들과 고기 갈고리들과 부삽들과 대야들과 단의 모든 기구를 두고 해달의 가죽 덮개를 그 위에 덮고 그 채를 꿸 것이며"

금등대와 기구들의 포장

THE COVERINGS FOR THE GOLDEN LAMPSTAND AND UTENSILS

מְנוֹרַת הַזָּהָב וְכֵלִים 메노라트 하자하브 베켈림 / 純金の燭台と器具のおおい

민(Num/民) 4:9-10

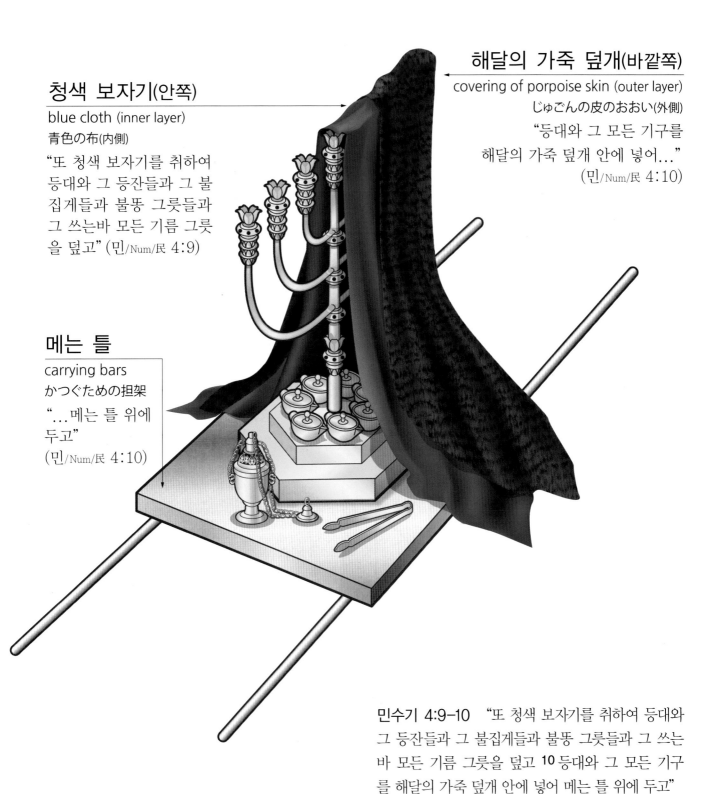

해달의 가죽 덮개(바깥쪽)

covering of porpoise skin (outer layer)

じゅごんの皮のおおい(外側)

"등대와 그 모든 기구를
해달의 가죽 덮개 안에 넣어..."

(민/Num/民 4:10)

청색 보자기(안쪽)

blue cloth (inner layer)

青色の布(内側)

"또 청색 보자기를 취하여
등대와 그 등잔들과 그 불
집게들과 불똥 그릇들과
그 쓰는바 모든 기름 그릇
을 덮고"(민/Num/民 4:9)

메는 틀

carrying bars

かつぐための担架

"...메는 틀 위에
두고"

(민/Num/民 4:10)

민수기 4:9-10 "또 청색 보자기를 취하여 등대와
그 등잔들과 그 불집게들과 불똥 그릇들과 그 쓰는
바 모든 기름 그릇을 덮고 10 등대와 그 모든 기구
를 해달의 가죽 덮개 안에 넣어 메는 틀 위에 두고"

진설병을 두는 상의 포장

THE COVERINGS FOR THE TABLE OF THE BREAD OF THE PRESENCE

שֻׁלְחָן נֹתֵן לֶחֶם פָּנִים 슐한 노텐 레헴 파님 / 供えのパンを置く純金の机のおおい

민(Num/民) 4:7-8

해달의 가죽 덮개(바깥쪽)
covering of porpoise skin (outer layer)
じゅごんの皮のおおい(外側)
"...해달의 가죽 덮개로 덮은 후에
그 채를 꿰고"(민/Num/民 4:8)

홍색 보자기(가운데)
cloth of scarlet material (middle layer)
緋色の布(中側)
"홍색 보자기를 그 위에 펴고..."
(민/Num/民 4:8)

민수기 4:7-8 "또 진설병의
상에 청색 보자기를 펴고 대접
들과 숟가락들과 주발들과 붓
는 잔들을 그 위에 두고 또 항
상 진설하는 떡을 그 위에 두고
8 홍색 보자기를 그 위에 펴고
그것을 해달의 가죽 덮개로 덮
은 후에 그 채를 꿰고"

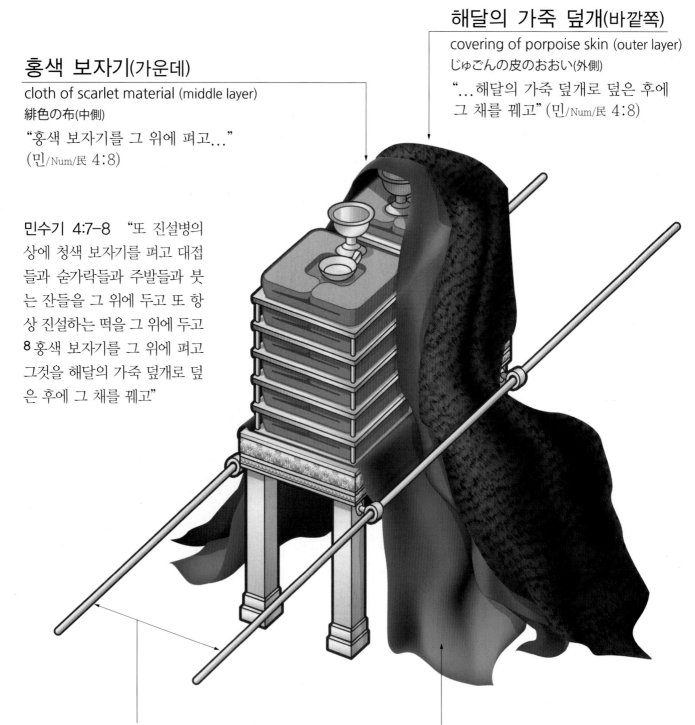

상을 메기 위한 채
poles for carrying the table
机をかつぐためのさお
출(Exod/出) 25:28, 35:13, 37:15,
민(Num/民) 4:8

청색 보자기(안쪽)
blue cloth (inner layer) / 青色の布(内側)
"또 진설병의 상에 청색 보자기를 펴고 대접들과
숟가락들과 주발들과 붓는 잔들을 그 위에 두고..."
(민/Num/民 4:7)

분향단의 포장

THE COVERINGS FOR THE ALTAR OF INCENSE

מִזְבַּח הַקְּטֹרֶת 미즈바흐 하케토레트 / 香をたく祭壇のおおい

민(Num/民) 4:11

해달의 가죽 덮개(바깥쪽)

covering of porpoise skin (outer layer)

じゅごんの皮のおおい(外側)

"…해달의 가죽 덮개로 덮고 그 채를 꿰고"(민/Num/民 4:11)

청색 보자기(안쪽)

blue cloth (inner layer)

青色の布(内側)

"또 금단 위에 청색 보자기를
펴고…"(민/Num/民 4:11)

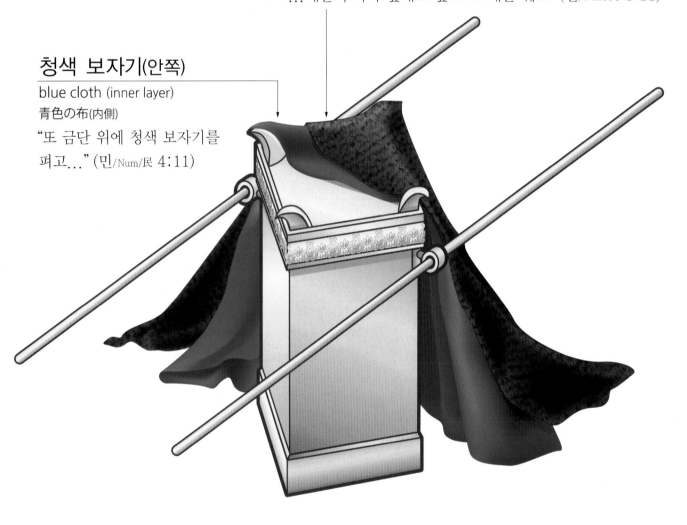

민수기 4:11 "또 금단 위에 청색 보자기를 펴고 해달의 가죽 덮개로 덮고 그 채를 꿰고"

언약궤(증거궤)의 포장

THE COVERINGS FOR THE ARK OF THE COVENANT (THE ARK OF THE TESTIMONY)

(אֲרוֹן הָעֵדֻת) אֲרוֹן הַבְּרִית 아론 하베리트 (아론 하에두트) / 契約の箱(あかしの箱)のおおい

민(Num/民) 4:5-6

순청색 보자기(바깥쪽)
cloth of pure blue (outer layer)
青色の布(外側)
"그 위에 순청색 보자기를 덮은
후에 그 채를 꿰고"(민/Num/民 4:6)

해달의 가죽 덮개(가운데)
covering of porpoise skin (middle layer)
じゅごんの皮のおおい(中側)
"그 위에 해달의 가죽으로 덮고"
(민/Num/民 4:6)

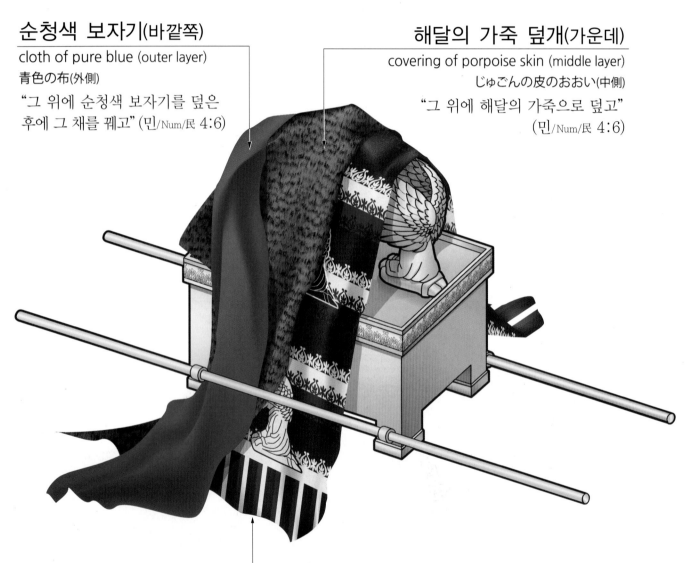

지성소 입구에 드리워 성소와 지성소를 구별하는 휘장(안쪽)
veil that partitions the holy place and the holy of holies (inner layer)
至聖所の入口に掛け、聖所と至聖所とを隔て分ける垂幕(内側)
"행진할 때에 아론과 그 아들들이 들어가서 간 막는 장을 걷어 증거궤를 덮고"(민/Num/民 4:5)
(지성소 입구에 드리워 성소와 지성소를 구별하는 휘장 - 출/Exod/出 26:31-33)

민수기 4:5-6 "행진할 때에 아론과 그 아들들이 들어가서 간 막는 장을 걷어 증거궤를 덮고 6 그 위에
해달의 가죽으로 덮고 그 위에 순청색 보자기를 덮은 후에 그 채를 꿰고"

성막을 중심한 이스라엘의 진(陣)
THE CAMP OF THE ISRAELITES WITH THE TABERNACLE AT ITS CENTER
幕屋を中心としたイスラエルの陣
민(Num/民) 2:1-34, 3:21-39

12지파의 진 배치 / Arrangement of the camps of the 12 tribes / 12部族の宿営した配置

민수기 2:2 "이스라엘 자손은 각각 그 기와 그 종족의 기호 곁에 진을 치되 **회막을 사면으로 대하여** 치라"

민수기 2:3 "**동방 해 돋는 편**에 진 칠 자는 그 군대대로 **유다**의 진 기에 속한 자라"

민수기 2:10 "**남편**에는 **르우벤** 군대의 진 기가 있을 것이라"

민수기 2:18 "**서편**에는 **에브라임**의 군대의 진 기가 있을 것이라"

민수기 2:25 "**북편**에는 **단** 군대의 진 기가 있을 것이라"

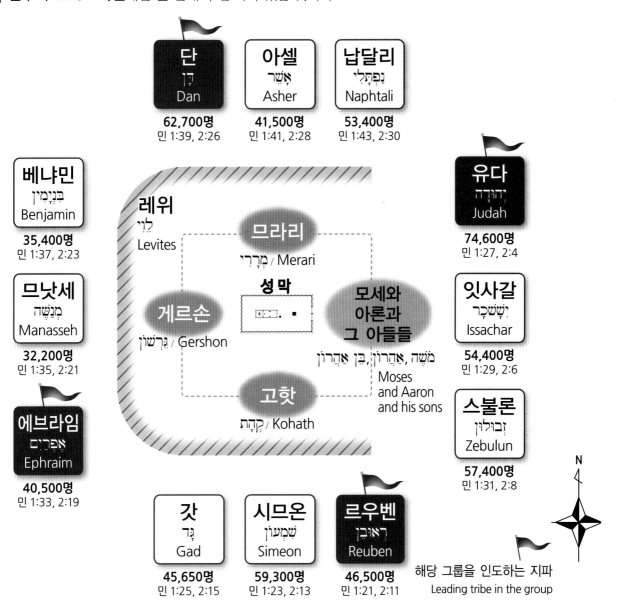

단 קֶן Dan 62,700명 민 1:39, 2:26	**아셀** אָשֵׁר Asher 41,500명 민 1:41, 2:28	**납달리** נַפְתָּלִי Naphtali 53,400명 민 1:43, 2:30

베냐민 בִּנְיָמִן Benjamin 35,400명 민 1:37, 2:23

므낫세 מְנַשֶּׁה Manasseh 32,200명 민 1:35, 2:21

에브라임 אֶפְרַיִם Ephraim 40,500명 민 1:33, 2:19

레위 לֵוִי Levites

므라리 מְרָרִי / Merari

성막

게르손 גֵּרְשׁוֹן / Gershon

고핫 קְהָת / Kohath

모세와 아론과 그 아들들 מֹשֶׁה, אַהֲרֹן, בֶּן אַהֲרֹן Moses and Aaron and his sons

유다 יְהוּדָה Judah 74,600명 민 1:27, 2:4

잇사갈 יִשָּׂשכָר Issachar 54,400명 민 1:29, 2:6

스불론 זְבוּלוֹן Zebulun 57,400명 민 1:31, 2:8

갓 גָּד Gad 45,650명 민 1:25, 2:15

시므온 שִׁמְעוֹן Simeon 59,300명 민 1:23, 2:13

르우벤 רְאוּבֵן Reuben 46,500명 민 1:21, 2:11

해당 그룹을 인도하는 지파
Leading tribe in the group

레위 지파의 진 배치 / Arrangement of the camps of the Levites / レビ部族の宿営した配置

민수기 3:23 "**게르손** 가족들은 **장막 뒤 곧 서편**에 진을 칠 것이요"

민수기 3:29 "**고핫** 자손의 가족들은 **성막 남편**에 진을 칠 것이요"

민수기 3:35 "**이(므라리)** 가족은 **장막 북편**에 진을 칠 것이며"

민수기 3:38 "**장막 앞 동편** 곧 **회막** 앞 해 돋는 편에는 **모세와 아론과 아론의 아들들**이 진을 치고"

성막의 운반과 행진하는 순서

TRANSPORTING THE TABERNACLE AND THE ORDER OF SETTING OUT

幕屋の運搬と進行する順序

민(Num/民) 4:1–49, 10:11–36

민수기 10:21

"고핫인은 성물을 메고 진행하였고 그들이 이르기 전에 성막을 세웠으며"

행군 방향
direction of the march

→

단	에브라임
דָּן	אֶפְרַיִם
Dan	Ephraim
62,700명	40,500명
민 2:26	민 2:19

아셀	므낫세
אָשֵׁר	מְנַשֶּׁה
Asher	Manasseh
41,500명	32,200명
민 2:28	민 2:21

납달리	베냐민
נַפְתָּלִי	בִּנְיָמִין
Naphtali	Benjamin
53,400명	35,400명
민 2:30	민 2:23

제**4**대
민 2:25–31

제**3**대
민 2:18–24

고핫 자손이 이동시킬 성물
Holy objects to be transported by the Kohathites
민 4:4–20, 7:9

진설병을 두는 상
민 4:7–8
(출 25:23–30,
37:10–16, 레 24:5–9)

금등대/민 4:9–10
(출 25:31–40,
37:17–24, 민 8:1–4)

분향단(금단)/민 4:11
(출 30:1–10,
37:25–29, 40:5, 26–27)

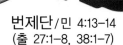

번제단/민 4:13–14
(출 27:1–8, 38:1–7)

민수기 10:17

"이에 성막을 걷으매 게르손 자손과 므라리 자손이 성막을 메고 발행하였으며"

르우벤
רְאוּבֵן
Reuben
46,500명
민 2:11

시므온
שִׁמְעוֹן
Simeon
59,300명
민 2:13

갓
גָּד
Gad
45,650명
민 2:15

제**2**대
민 2:10–16

게르손 자손이 이동시킬 것들
Objects to be transported by th Gershonites
민 4:24–28, 7:7

수레 2대

소 4마리

① 성막의 앙장들/민 3:25, 4:25

내부앙장(성막)
출 26:1–6, 36:8–13

외부앙장(막)
출 26:7–13, 36:14–18

② 회막/민 3:25, 4:25

막의 덮개
출 26:14, 36:19

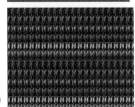

웃덮개
출 26:14, 36:19

③ 성소 입구의 문 장
출 26:36, 36:37
민 3:25, 4:25

④ 세마포 장
출 27:9–15, 38:9–16

남·북
(南·北)
(100규빗×2)

서
(西)
(50규빗×1)

동
(東)
(15규빗×2)

⑤ 뜰 문의 문 장
출 27:16, 18, 38:18
민 3:26, 4:26

⑥ 줄들
민 3:25–26, 4:25–26

므라리 자손이 이동시킬 구조물들
Structural objects to be transported by the Merarites
민 4:29-33, 7:8

수레 4대

소 8마리

① 널판
출 26:15-25, 29,
36:20-30, 34,
민 3:36, 4:31

② 띠
출 26:26-27,
36:31-32,
민 3:36, 4:31

③ 중간띠
출 26:28-29, 36:33-34, 민 3:36, 4:31

④ 금고리
출 26:29, 36:34

⑤ 바깥 기둥
출 27:10-17, 38:10-19,
민 3:36-37, 4:31-32

⑥ 성소와 지성소 기둥
출 26:32, 37, 36:36, 38,
민 3:36, 4:31

⑦ 은받침
출 26:19, 21, 25
36:24, 26, 30
민 3:36, 4:31

⑧ 지성소 입구 기둥의 은받침
출 26:32, 36:36, 민3:36, 4:31

⑨ 성소 입구 기둥의 놋받침
출 26:37, 36:38, 민3:36, 4:31

⑩ 바깥 기둥의
놋받침
출 27:17-18,
38:9-17, 19,
민 3:36-37, 4:31-32

⑪ 말뚝
출 27:19, 35:18,
38:20, 31,
민 3:36-37, 4:31-32

⑫ 줄들
민 3:36-37, 4:31-32

30-50세의 회막 봉사에 참여할만한 모든 자
Men between ages 30-50 who can take part in the tabernacle service

고핫	2,750명	민 4:1-20, 34-37
게르손	2,630명	민 4:21-28, 38-41
므라리	3,200명	민 4:29-33, 42-45

유다
יְהוּדָה
Judah

74,600명
민 2:4

잇사갈
יִשָּׂשכָר
Issachar

54,400명
민 2:6

스불론
זְבוּלוּן
Zebulun

57,400명
민 2:8

제 **1**대
민 2:1-9

고핫 자손이 메는 언약궤(증거궤)
the ark of the covenant (ark of the testimony) to be carried on the shoulders of the Kohathites
민 4:5-6

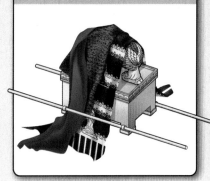

해당 그룹을 인도하는 지파
Leading tribe in the group

N

대제사장의 예복

THE GARMENTS OF THE HIGH PRIEST

הַבֶּגֶד הַכֹּהֵן הַגָּדוֹל 하베게드 하코헨 하가돌 / 大祭司の礼服

출(Exod/出) 28:1-43, 39:1-43

출애굽기 28:1-4 "너는 이스라엘 자손 중 네 형 아론과 그 아들들 곧 나답과 아비후와 엘르아살과 이다말을 그와 함께 네게로 나아오게 하여 나를 섬기는 제사장 직분을 행하게 하되 2 네 형 아론을 위하여 거룩한 옷을 지어서 영화롭고 아름답게 할지니 3 너는 무릇 마음에 지혜 있는자 곧 내가 지혜로운 영으로 채운 자들에게 말하여 아론의 옷을 지어 그를 거룩하게하여 내게 제사장 직분을 행하게 하라 4 그들의 지을 옷은 이러하니 곧 흉패와 에봇과 겉옷과 반포 속옷과 관과 띠라 그들이 네 형 아론과 그 아들들을 위하여 거룩한 옷을 지어 아론으로 내게 제사장 직분을 행하게 할지며"

히브리서 7:21-25 "(저희는 맹세 없이 제사장이 되었으되 오직 예수는 자기에게 말씀하신 자로 말미암아 맹세로 되신 것이라 주께서 맹세하시고 뉘우치지 아니하시리니 네가 영원히 제사장이라 하셨도다) 22 이와 같이 예수는 더 좋은 언약의 보증이 되셨느니라 23 저희 제사장 된 자의 수효가 많은 것은 죽음을 인하여 항상 있지 못함이로되 24 예수는 영원히 계시므로 그 제사 직분도 갈리지 아니하나니 25 그러므로 자기를 힘입어 하나님께 나아가는 자들을 온전히 구원하실 수 있으니 이는 그가 항상 살아서 저희를 위하여 간구하심이니라"

대제사장의 예복에 대한 자세한 내용은 박윤식 著 구속사 시리즈 제 6권 「맹세 언약의 영원한 대제사장」을 함께 참고 바랍니다.

For in-depth study of the garments of the high priest, refer to Rev. Abraham Park's *The Eternal High Priest of the Covenantal Oath.*

大祭司の礼服の詳細な内容については、朴潤植(パク・ユンシク)著 救済史シリーズ第 6 巻「誓いの契約による永遠の大祭司」も併せてご参考ください。

1

고의 / מִכְנָס 미크나스

linen breeches / 下ばき

출(Exod/出) 28:42, 39:28, 레(Lev/レビ) 6:10

대제사장의 하체(혹은 살)를 가리기
위해 입는 세마포로 된 속바지

linen breeches worn to cover
the nakedness (or skin) of the
high priest

大祭司の下半身(或いは肌)を
隠すために着る、亜麻布で
作った下ばき

출애굽기 28:42

"또 그들을 위하여 베로 고의를 만들어
허리에서부터 넓적다리까지 이르게 하여
하체를 가리게 하라"

2

속옷 / כֻּתֹנֶת 케토네트

linen tunic / 下服

출(Exod/出) 28:39, 29:5, 39:27, 레(Lev/レビ) 6:10, 8:7

가는 베실로 짜고, 소매는 손목까지 내려오며,
길이는 발뒷꿈치까지 내려오는 통옷
(Ant. 3,154–155)

The tunic was woven out of fine linen,
the sleeves came down to the wrists
and the length of this one-piece garment
reached down to the heels (Ant. 3.154-155).

亜麻糸で作り、袖は手首まで、長さはかかとまで
下りてくる一枚の服 (Ant. 3.154-155)

3

청색, 자색, 홍색실과 가는 베실로 수놓아 만든 속옷 위에 매는 띠 / *금실 제외

출(Exod/出) 28:39, 39:29, 레(Lev/レビ) 8:7

a sash woven out of blue, purple,
scarlet material and fine twisted linen
to be tied around the tunic
/ gold material not included

青糸、紫糸、緋糸と亜麻の撚糸で織って作った
下服の上に結ぶ帯/*金糸は使わない
出 28:39, 39:29, レビ8:7

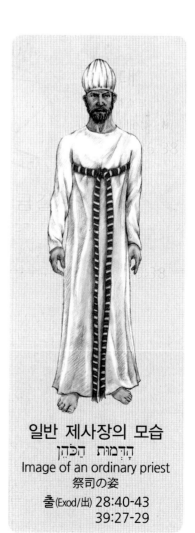

일반 제사장의 모습

דְּמוּת הַכֹּהֵן

Image of an ordinary priest

祭司の姿

출(Exod/出) 28:40-43
39:27-29

4

에봇 받침 겉옷 / מְעִיל הָאֵפוֹד 메일 하에포드 / robe of the ephod / エポデに属する上服

출(Exod/出) 28:31-35, 29:5, 39:22-26, 레(Lev/レビ) 8:7

에봇 바로 안에 에봇을 받쳐 주는 겉옷으로 무늬가 없는 순수한 청색이며(출 28:31, 39:22), 위에서 아래까지 한 조각으로 짜여진 통옷

The robe was worn directly under the ephod. It was all blue without any patterns on it (Exod 28:31; 39:22) and woven of one piece from to to bottom.

エポデに属する上服で、模様のない青地で作り(出 28:31, 39:22)、上から下まで一枚のきれで作られた服

목 테두리로 돌아가면서 깃을 짜서 찢어지지 않게 함(출 28:32, 39:23)

The binding of woven work around the opening for the neck to prevent tearing (Exod 28:32, 39:23)

首の周りを鎧のえりのように織物の縁をつけ、ほころびないようにする(出 28:32, 39:23)

수놓은 석류 열매 사이사이로 금방울을 일정한 간격으로 매달음 (출 28:33-34, 39:24-26)

Bells of gold were hung at regular intervals between the embroidered pomegranates (Exod 28:33-34, 39:24-26)

編んで作ったざくろの間に、金の鈴を一定の間隔でつける (出 28:33-34, 39:24-26)

5

에봇 / אֵפוֹד 에포드 / ephod / エポデ

출(Exod/出) 28:6-14, 29:5, 39:2-7, 레(Lev/レビ) 8:7

금실과 청색 자색 홍색실과 가는 베실로 짜여지고, 소매가 없이 무릎까지 내려 오는 앞치마 같은 모양으로, 양 어깨 위에 견대를 달아 앞판과 뒷판이 연결된 형태(출 28:6-7, 39:2-4)

The ephod was woven out of fine twisted linen and gold, blue, purple, and scarlet material. It was a sleeveless, apron-like garment that reached down to the knee. The ephod had a shoulder piece on both shoulders to connect the front piece with the back(Exod 28:6-7; 39:2-4).

金糸、青糸、紫糸、緋糸、亜麻の撚糸で織ったもので、袖がなく膝まで下りてくるエプロン のような形で、両肩の上に肩ひもをつけ、前と後ろを繋げた形態(出28:6-7, 39:2-4)

에봇의 앞판과 뒷판을 연결하기 위해
양 어깨 위에 다는 견대(출 28:7, 39:4)

Shoulder piece attached on top of each shoulder to connect the front and back pieces of the ephod
(Exod 28:7, 39:4)

エポデの前と後ろを繋げるための二つの肩ひも（出 28:7, 39:4）

에봇 두 견대에 붙이는 금테에 물린 두 보석(호마노)

(출 28:9-12, 39:6-7, 참고-출 25:7, 35:9)

Two (onyx) stones set in gold filigree on the two shoulder pieces of the ephod
(Exod 28:9-12, 39:6-7, [Ref] Exod 25:7, 35:9)

エポデの両方の肩ひもにつける、金の編細工にはめた二つの宝石（縞めのう）
（出 28:9-12, 39:6-7, 参考-出 25:7, 35:9）

한쪽 어깨 위	**다른 쪽 어깨 위**
on one shoulder	on the other shoulder
一方の肩の上	もう一方の肩の上

한쪽 어깨 위	다른 쪽 어깨 위
르우벤 / רְאוּבֵן / Reuben / ルベン	**갓** / גָּד / Gad / ガド
시므온 / שִׁמְעוֹן / Simeon / シメオン	**아셀** / אָשֵׁר / Asher / アセル
레위 / לֵוִי / Levi / レビ	**잇사갈** / יִשָּׂשכָר / Issachar / イッサカル
유다 / יְהוּדָה / Judah / ユダ	**스불론** / זְבוּלֻן / Zebulun / ゼブルン
단 / דָּן / Dan / ダン	**요셉** / יוֹסֵף / Joseph / ヨセフ
납달리 / נַפְתָּלִי / Naphtali / ナフタリ	**베냐민** / בִּנְיָמִין / Benjamin / ベニヤミン

출애굽기 28:9-12 "호마노 두 개를 취하여 그 위에 이스라엘 아들들의 이름을 새기되 10그들의 연치대로 여섯 이름을 한 보석에 나머지 여섯 이름은 다른 보석에 11보석을 새기는 자가 인에 새김같이 너는 이스라엘 아들들의 이름을 12그 두 보석에 새겨 금테에 물리고 그 두 보석을 에봇 두 견대에 붙여 이스라엘 아들들의 기념 보석을 삼되 아론이 여호와 앞에서 그들의 이름을 그 두 어깨에 메어서 기념이 되게 할지며"

에봇 띠 / אֵפֹד חֵשֶׁב 헤쉐브 아페다
skillfully woven band of the ephod / エポデの帯
출(Exod/出) 28:8, 29:5, 39:5, 레(Lev/レビ) 8:7

"에봇 짜는 법으로"(에봇과 같은 모양으로) 금실과 청색 자색 홍색실과 가늘게 꼰 베실로 에봇에 공교히(기묘하게) 붙여 짜서 "에봇을 몸에 매"는 띠 (출 28:8, 39:5, 레 8:7, 참고-출 28:27-28, 39:20-21)

The band was made like the ephod. It was skillfully woven out of gold, blue, purple and scarlet material with fine twisted linen. It was a band that tied the ephod to the body (Exod 28:8, 39:5, Lev 8:7, Ref Exod 28:27-28, 39:20-21).

エポデと同じきれで、エポデの作りのように、金糸、青糸、紫糸、緋糸、亜麻の撚糸で巧みに作り、エポデを体につかねる帯 (出 28:8, 39:5, レビ 8:7, 参考-出 28:27-28, 39:20-21)

에봇 띠 위의 금고리
(출 28:27, 39:20)

Gold rings above the skillfully woven band of the ephod
(Exod 28:27, 39:20)

エポデの帯の上にある金の環 (出 28:27, 39:20)

6 판결 흉패

חֹשֶׁן מִשְׁפָּט 호쉔 미쉬파트 / breastpiece of judgement / 胸当 / 출(Exod/出) 28:15-30, 29:5, 39:8-21, 레(Lev/レビ) 8:8

장광이 한 뼘 길이(반 규빗)인 약 22.5cm로 네모 반듯하며, "에봇 짜는 법으로"(에봇과 같은 모양으로) 금실과 청색 자색 홍색실과 가늘게 꼰 베실로 공교히 짜서 두 겹으로 만든 흉패(출 28:15-16, 39:8-9)

The breastpiece was square and one span (half cubit) or approximately 22.5cm in both length and width. It was made like the ephod. It was skillfully woven out of gold, blue, purple, and scarlet material with fine twisted linen, and folded double (Exod 28:15-16, 39:8-9).

二つに折って四角とし、長さと幅は、親指と中指をいっぱいに広げた長さ(半キュビト)であり、約22.5cmの正しい正方形で、エポデの作りのように金糸、青糸、紫糸、緋糸、亜麻の撚糸で巧みに作った胸当(出 28:15-16, 39:8-9)

7 관(冠)

מִצְנֶפֶת 미츠네페트 / turban / 冠 / 출(Exod/出) 28:39-40, 29:6, 39:28, 레(Lev/レビ) 8:9, 슥(Zech/ゼカ) 3:5

가는 베실(세마포)로 만들며, 터번 형태로 빙빙 돌려가며 짜서 꿰맨 모자
The turban was a headwear that was wound around and woven out of linen. It was hollow inside.
亜麻布で作り、ターバンのように巻きながら織って繕った帽子

금패를 관 전면에 고정시키는 청색 끈
(출 28:37, 39:31)

The blue cord used to fasten the gold plate on the front of the turban (Exod 28:37, 39:31)

純金の板を帽子の前面に固定させる青ひも (出 28:37, 39:31)

「여호와께 성결」이라 기록한 정금으로 된 패
(출 28:36-38, 39:30-31)

The plate of pure gold with inscription, "Holy to the LORD" (Exod 28:36-38, 39:30-31)

『主に聖なる者』と刻んだ純金の板 (出 28:36-38, 39:30-31)

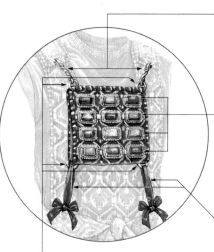

흉패와 견대를 연결하는 금사슬(출 28:22-25, 39:15-18)

Gold cords that connect the breastpiece to the shoulder pieces (Exod 28:22-25, 39:15-18)

胸当と肩ひもを繋げる純金の鎖(出 28:22-25, 39:15-18)

12보석을 흉패에 고정시키는 금테(출 28:17-20, 39:10-13)

Gold filigree settings that hold the 12 precious stones of the breastpiece (Exod 28:17-20, 39:10-13)

12の宝石を胸当に固定させる金の編細工(出 28:17-20, 39:10-13)

흉패와 에봇 띠를 연결하는 청색끈(출 28:28, 39:21)

The blue cord that connects the breastpiece to the skillfully woven band of the ephod (Exod 28:28, 39:21)

胸当とエポデを結びつける青ひも(出 28:28, 39:21)

흉패 사방의 금고리(출 28:23, 26, 39:16, 19)

Gold rings at the four corners of the breastpiece (Exod 28:23, 26, 39:16, 19)

胸当の四方につける金の環(出 28:23, 26, 39:16, 19)

흉패 위에 붙이는 금테에 물린 12보석(출 28:17-21, 39:10-14)

12 Precious Stones Set in Gold Filigree on the Breastpiece (Exod 28:17-21, 39:10-14)

胸当の上につける金の編細工にはめた12の宝石(出 28:17-21, 39:10-14)

출애굽기 28:17-21 "그것에 네 줄로 보석을 물리되 첫 줄은 홍보석 황옥 녹주옥이요 18둘째 줄은 석류석 남보석 홍마노요 19세째 줄은 호박 백마노 자수정이요 20네째 줄은 녹보석 호마노 벽옥으로 다 금테에 물릴지니 21이 보석들은 이스라엘 아들들의 이름대로 열둘이라 매 보석에 열두 지파의 한 이름씩 인을 새기는 법으로 새기고"

첫째 줄
First row / 第一列
출(Exod/出) 28:17,
　　　　　39:10,
민(Num/民) 10:13-16

스불론 / Zebulun / ゼブルン
녹주옥 / emerald / 水晶

잇사갈 / Issachar / イッサカル
황옥 / topaz / 貴かんらん石

유다 / Judah / ユダ
홍보석 / ruby / 紅玉髄

둘째 줄
Second row / 第二列
출(Exod/出) 28:18,
　　　　　39:11,
민(Num/民) 10:18-20

갓 / Gad / ガド
홍마노 / diamond / 赤縞めのう

시므온 / Simeon / シメオン
남보석 / sapphire / るり

르우벤 / Reuben / ルベン
석류석 / turquoise / ざくろ石

셋째 줄
Third row / 第三列
출(Exod/出) 28:19,
　　　　　39:12,
민(Num/民) 10:22-24

베냐민 / Benjamin / ベニヤミン
자수정 / amethyst / 紫水晶

므낫세 / Manasseh / マナセ
백마노 / agate / めのう

에브라임 / Ephraim / エフライム
호박 / jacinth / 黄水晶

넷째 줄
Fourth row / 第四列
출(Exod/出) 28:20,
　　　　　39:13,
민(Num/民) 10:25-27

납달리 / Naphtali / ナフタリ
벽옥 / jasper / 碧玉

아셀 / Asher / アセル
호마노 / onyx / 縞めのう

단 / Dan / ダン
녹보석 / beryl / 黄碧玉

회막(성소와 지성소)
THE TENT OF MEETING (THE HOLY PLACE AND THE HOLY OF HOLIES)
(הַקֹּדֶשׁ וְקֹדֶשׁ הַקֳּדָשִׁים) אֹהֶל מוֹעֵד 오헬 모에드(하코데쉬 베코데쉬 하카다쉼)
会見の幕屋(聖所と至聖所)

성소 입구의 문 장

מָסָךְ לְפֶתַח הָאֹהֶל
마사크 레페타흐 하오헬
screen for the doorway of the tent
聖所の入口のとばり
출(Exod/出) 26:36, 36:37

"청색 자색 홍색 실과 가늘게 꼰
베실로 수놓아 짜서 성막
문을 위하여 장을 만들고"
(출/Exod/出 26:36)

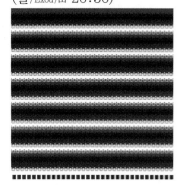

네 기둥

אַרְבָּעָה עַמֻּדִים 아르바아 아무딤
four pillars / 四つの柱 / 출(Exod/出) 26:32, 36:36

"금갈고리로 네 기둥 위에 드리우되
그 네 기둥을 조각목으로 만들고 금으로
싸서 네 은받침 위에 둘지며…"
(출/Exod/出 26:32)

다섯 기둥

חֲמִשָּׁה עַמֻּדִים 하밋샤 아무딤
five pillars / 五つの柱
출(Exod/出) 26:37, 36:38

"그 문장을 위하여 기둥 다섯을
조각목으로 만들어 금으로
싸고…"(출/Exod/出 26:37)

다섯 기둥의 놋받침

אַדְנֵי נְחֹשֶׁת חֲמִשֶּׁת הָעַמֻּדִים
아드네 네호쉐트 하밋샤 하암무딤
five sockets of bronze for
the five pillars
五つの柱のための青銅の座
출(Exod/出) 26:37, 36:38

"받침 다섯을 놋으로 부어
만들지니라"(출/Exod/出 26:37)

지성소 입구의 휘장

פָּרֹכֶת לְפֶתַח קֹדֶשׁ הַקֳּדָשִׁים 파로케트 레페타흐 코데쉬 하카다쉼
veil at the entrance to the holy of holies
至聖所の入口の垂幕
출(Exod/出) 26:31, 33, 36:35, 40:3, 21

"너는 청색 자색 홍색 실과 가늘게 꼰 베실로 짜서
장을 만들고 그 위에 그룹들을 공교히 수놓아서…
³³그 장을 갈고리 아래 드리운 후에 증거궤를 그
장안에 들여놓으라 그 장이 너희를 위하여 성소와
지성소를 구별하리라"(출/Exod/出 26:31, 33)

네 기둥의 은받침

אַדְנֵי כֶסֶף אַרְבָּעָה הָעַמֻּדִים
아드네 케세프 아르바아 하암무딤
four sockets of silver for
the four pillars
四つの柱のための銀の座
출(Exod/出) 26:32, 36:36

가름대 / חֲשֻׁק 하슈크
band / 桁 / 출(Exod/出) 36:38

"…기둥머리와 그 가름대를 금으로
쌌으며…"(출/Exod/出 36:38)

금갈고리 / וָו זָהָב 바브 자하브

gold hooks / 金の鉤
출(Exod/出) 26:32-33, 36:36

"금갈고리로 네 기둥 위에 드리우되
그 네 기둥을 조각목으로 만들고 금
으로 싸서 네 은받침 위에 둘지며"
(출/Exod/出 26:32)

"…그 갈고리는 금이며…"
(출/Exod/出 36:36)

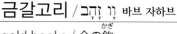

지성소 안에서 바라본 모습
view from inside the holy of holies
至聖所の内から見た形

성소
קֹדֶשׁ 코데쉬
Holy Place
聖所

성소 안에서 바라본 모습
view from inside
the holy place
聖所の内から見た形

기둥머리
רֹאשׁ הָעַמּוּד
로쉬 하암무드
top of
the pillar
柱の頭
출(Exod/出)
36:38

금갈고리
וָוֵי זָהָב 바베 자하브 / gold hook
金の鉤 / 출(Exod/出) 26:37, 36:38

"…그 갈고리도 금으로 만들지며…"(출/Exod/出 26:37)

윗고리 / טַבַּעַת רֹאש 타바아트 로쉬 / ring at the top / 環 출(Exod/出) 26:24, 36:29

"아래에서부터 위까지 각기 두 겹 두께로 하여 윗고리에 이르게 하고 두 모퉁이 편을 다 그리하며" (출/Exod/出 26:24)

성막 뒤편 양 모퉁이의 두 겹 널판
שְׁנֵי קְרָשִׁים לְמִקְצְעֹת הַמִּשְׁכָּן בַּיַּרְכָתָיִם
셰네 케라쉼 림쿠츠오트 하미쉬칸 바야르카타임 / double boards for the two corners of the tabernacle at the rear / 幕屋うしろの両すみの枠 출(Exod/出) 26:23-24, 36:28-29

지성소
קֹדֶשׁ הַקֳּדָשִׁים
코데쉬 하코다쉼
Holy of Holies
至聖所

널판 / קֶרֶשׁ 케레쉬 / board / 立枠 출(Exod/出) 26:15-25, 29, 36:20-30, 34

"조각목으로 성막을 위하여 널판을 만들어 세우되...그 널판들을 금으로 싸고" (출/Exod/出 26:15-25, 29)

띠 / בְּרִיחַ 베리아흐 / bars / 橫木
출(Exod/出) 26:26-29, 36:31-34
"조각목으로 띠를 만들지니...그 띠를 금으로 싸라" (출/Exod/出 26:26, 29)
남·북·서편 모두 5개씩 만듦 / 출(Exod/出) 26:26-27, 36:31-32

중간띠 / בְּרִיחַ תִּיכֹן 베리아흐 티콘
middle bar / 中央の橫木
출(Exod/出) 26:28, 29, 36:33, 34
"널판 가운데 있는 중간띠는 이 끝에서 저 끝에 미치게 하고...그 띠를 금으로 싸라" (출/Exod/出 26:28, 29)

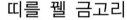

장 10규빗(4.56m)
광 1.5규빗(68.4cm) 출(Exod/出) 26:16, 36:21
널판의 두께 0.25규빗(11.4cm)
참고-출(Exod/出) 26:15-16, 22-25, 36:20-21, 27-30

널판 밑의 은받침
אַדְנֵי כֶסֶף תַּחַת הַקֶּרֶשׁ
아드네 케세프 타하트 하케레쉬
sockets of silver under the board
立枠の下の銀の座
한 널판 밑에 두 촉씩 내어 은받침에 고정
출(Exod/出) 26:19, 21, 25, 36:24, 26, 30
은받침 무게-매 받침에 은 1달란트(약 34kg) / 출(Exod/出) 38:27 (은의 밀도 = 10.5g/cm³)

띠를 꿸 금고리
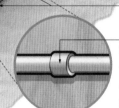
טַבְּעֹת זָהָב בָּתִּים לַבְּרִיחַ
타브오트 자하브 바팀 라베리아흐
gold ring as holders for the bars
橫木を通すための金の環 출(Exod/出) 26:29, 36:34
"띠를 꿸 금고리를 만들고" (출/Exod/出 26:29, 36:34)

궤 위에 얹을 속죄소(시은좌) / הַכַּפֹּרֶת עַל־הָאָרֹן 하카포레트 알 하아론
mercy seat to be put on top of the ark / 箱の上に置く贖罪所
출(Exod/出) 25:17, 21, 26:34, 37:6

분향단
מִזְבַּח הַקְּטֹרֶת 미즈바흐 하케토레트
altar of incense / 香をたく祭壇
출(Exod/出) 30:1-10, 37:25-29, 40:5, 26
"증거궤 앞에 두고" (출/Exod/出 40:5)
"회막 안 장 앞에 두고" (출/Exod/出 40:26)

언약궤(증거궤) / (אֲרֹן הָעֵדֻת)אֲרוֹן בְּרִית 아론 하베리트(아론 하에두트)
ark of the covenant (the ark of the testimony) / 契約の箱(あかしの箱)
출(Exod/出) 25:10-22, 37:1-9, 40:3, 20-21, 참고-출(Exod/出) 31:7, 35:12, 39:35
"증거판을 궤 속에 넣고 채를 궤에 꿰고 속죄소를 궤 위에 두고 또 그 궤를 성막에 들여놓고 장을 드리워서 그 증거궤를 가리우니..." (출/Exod/出 40:20-21)

금등대 / מְנוֹרָה הַזָּהָב 메노라트 하자하브 / golden lampstand / 純金の燭台
출(Exod/出) 25:31-40, 37:17-24, 민(Num/民) 8:1-4
그룹을 수놓은(출/Exod/出 26:31) 장 바깥 남(南)편에 위치, 상과 마주 대하게 하고 / 출(Exod/出) 26:35, 40:24(נֹכַח 노카흐: 맞은편에)

진설병을 두는 순결한 상 / שֻׁלְחָן הַטָּהֹר נָתַן לֶחֶם פָּנִים 슐한 하타호르 노텐 레헴 파님
pure table of the bread of the Presence / 供えのパンを置く純金の机 출(Exod/出) 25:23-30, 37:10-16, 레(Lev/レビ) 24:5-9
그룹을 수놓은(출/Exod/出 26:31) 장 바깥 북(北)편에 위치 / 출(Exod/出) 26:35

회막(성소와 지성소)의 위치
location of the tent of meeting
(holy place and the holy of holies)
会見の幕屋(聖所と至聖所)の位置

구약성경의 길이 측정 단위
MEASUREMENT UNITS OF LENGTH IN THE OLD TESTAMENT
旧約聖書の測定単位

① 규빗(6손바닥)

אַמָּה 암마 / cubit / キュビト

가장 많이 사용된 단위로 노아 방주(창/Gen/創 6:15-16), 성막, 솔로몬 성전(왕상/1 Kgs/列王上 6:2-26, 7:13-39), 스룹바벨 성전(스/Ezra/エズ 6:3)등에서 규격 표시의 기본 단위

② 척(큰 규빗 / 7손바닥)
(1척 = 1규빗+1손바닥)

אַמָּה 암마
long cubit (cubit + handbreadth)
キュビト（一キュビトと一手幅)

에스겔 새 성전에서 척량 기본 단위
겔/Ezek/エゼ 40:5, 43:13

③ 뼘($\frac{1}{2}$규빗 / 3손바닥)

זֶרֶת 제레트 / span / 一指当り

출/Exod/出 28:16, 39:9, 삼상/1 Sam/サム上 17:4
엄지에서 새끼손가락까지 최대한 펼친 길이

④ 손바닥($\frac{1}{6}$규빗 / 4손가락)

טֹפַח 토파흐 / handbreadth / 手幅

출/Exod/出 25:25, 37:12,
왕상/1 Kgs/列王上 7:26, 대하/2 Chr/歴代下 4:5,
시/Ps/詩 39:5, 겔/Ezek/エゼ 40:5, 43, 43:13

⑤ 손가락($\frac{1}{24}$규빗) / אֶצְבַּע 에츠바 / finger / 指

"그 기둥은 한 기둥의 고가 십팔 규빗이요
그 주위는 십이 규빗이며 그 속이 비었고
그 두께는 사지(四指) 놓이며" 렘/Jer/エレ 52:21

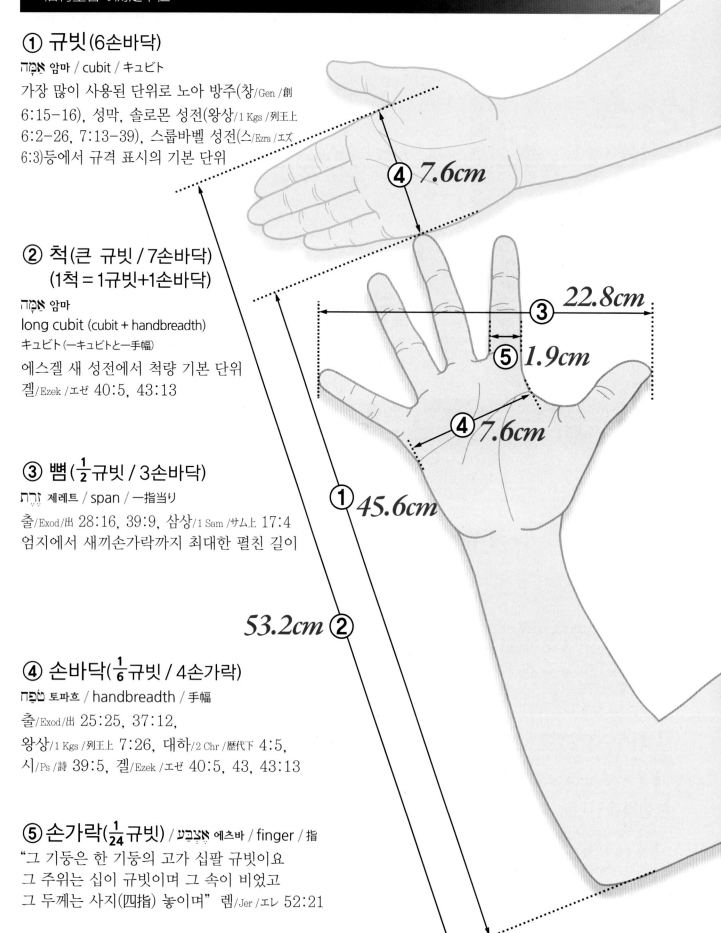

④ 7.6cm
③ 22.8cm
⑤ 1.9cm
④ 7.6cm
① 45.6cm
53.2cm ②

찾아보기 INDEX / 索引

주요단어

ㄱ

ㄴ